探究の人 菅江真澄

菊池勇夫
Kikuchi Isao

無明舎出版

◉表紙や表紙裏などに使用した図絵は、
秋田県立博物館所蔵によるものです。

探究の人　菅江真澄◉目次

探究の人　菅江真澄

はしがき

江戸時代後期、三河の人菅江真澄（白井秀雄）は遠く北日本の地を歩き巡り、たくさんの歌を詠み、文を書き、そして絵を描いた。言葉の意味を探り、事物をよく観察することにおいて並大抵な人ではなかった。歌を通じての友垣との円居《まどい》を好み、人々の悲しみや苦しみにも耳を傾けることのできる人であった。遊歴文人という形容が真澄に対して似つかわしいものではあろう。ただ、それだけではやや不十分な気がする。気儘な旅、人生にみえながら、何かを追い求め、突き止めようとする探究的な精神を内部に宿していた人であったように思われる。

本書は、これまで発表してきたもののうち、主として菅江真澄の人間性、思想性、学文性に関心を寄せて書いた論考に、新稿を加えて一冊としたものである。真澄をして北日本の旅に突き動かしていたものは何なのか。真澄がその旅で何を「発見」し、新たな扉を開くこととなったのか。真澄の記録の仕方やスタイルにはどのような特徴があり、また模索があったものなのか。江戸後期という時代環境や思想動向とどのように関わり合っていたのか。総じて菅江真澄はどんな人で何をした人なのかわかるようなものを集めたということになる。

菅江真澄の生い立ちが不明で、旅のなかでも行動がよく知られない時期がある。そのことからさまざまな推測がなされ、論じられてきた。人によっては、そうした人物史的興味は尽きないものがあろう。偉人化されていくとその傾向がいっそう強くなる。謎を解き空白を埋め、より精緻な年譜を作っていく。それは欠かせない作業であることは認めるが、本書に収めた論考（各章）はそれを意図したものではない。真澄の著作は北日本地域における、アイヌ民族を含む民衆的な人々の生活文化史料（資料）として、他にそれほど例をみない記録（記憶）遺産となっている。それを歴史・民俗研究の素材として活用していくためにも、探究の人、菅江真澄における関心、視線、方法、達成、そして魅力について、時代状況と関わらせて知っておく必要がある。そのような種類の真澄についての論考であることをここに明白に述べておきたい。とはいえ、そうした側面の菅江真澄についても説き及んでいない、あるいは言い足りていない点は多々ある。たとえば歌人としての真澄の歌の作法や形式にまで立ち入れずにいる。医薬・技術・自然など博物的領域、神や仏など信仰・宗教的な領域についても同様である。今後理解を深めていきたいが、他の人の研究に拠っていただくしかない。

なお、一冊の本にまとめるにあたって、いくつかの措置をとった。その時々に書いてきたものなので、論点の重なりも多少みられ、注記のつけかたもまちまちであるが、そのままとした。論考によって節のタイトルがなかったものがあり、今回新たにつけた。気づいた誤字・脱字は訂正し、表現のまずいところはいくぶん手を加え、表記もある程度揃えた。

真澄の著作は未来社刊『菅江真澄全集』を用い、その引用・該当箇所を示す場合には、たとえば第一巻一〇〇頁ならば①一〇〇頁と簡略化して記した。真澄の文は、同じ事物を幾通りにも書き表すことが頻繁にあり、それをどのように扱ったらよいか判断が揺れるが、画一的にせず、できるだけ原文の味わいを生かすようにした。出典にある片仮名（ただし一部は平仮名）のルビは原文の歴史的仮名遣のままとし、平仮名のルビは原則筆者が付したものである。

それでは、菅江真澄の著作（作品）の内部に入り込んで、真澄の関心のありかを明らかにしながら、その魅力、価値を述べていくこととしよう。

第一章　菅江真澄の魅力は何か

1　旅の目的意識

菅江真澄は、一八世紀と一九世紀にまたがる時代、陸奥・出羽や松前・蝦夷地を巡り歩き、和歌、日記、地誌、随筆、図絵など数多くの作品群を残した。江戸や京都にのぼって当代の学者・歌人と交際を結ぶことはなく、書肆から作品を出版したのでもなかったから、全国的にはほとんど無名の人であった。長く滞在した地域にあっても、学問や医学の道で仕官を遂げようというのでもなく、家塾を開いて門弟を教えるわけでもなかった。親しげな和歌の友に囲まれながら、いつも故郷を思い続ける旅人の境涯から終生離れようとしなかった。久保田に居を定めた晩年になってもそれは変わらない。

暮て行としの尾張や三河路を思ひ出羽に身は老にけり

（文政五年〈一八二二〉大晦日、『笹ノ屋日記』⑩四二九頁）

おもひやる今朝より春に鳴海がた二見の道をとしや行らん

（生ひそだちたる三河、尾張のわきて忍ばれて、文政六年〈一八二三〉元旦、同前）

諸国の旅を重ねながら修行・修学する。それは「世にありとある、かしこきところ」を尋ねたいとする真澄自身を含めて、時代の雰囲気であった。真澄の日記のなかにも旅する人たちが多く登場する。学者、文人、絵師、法師など、巡る人びとが文化や学問の地域間交流に大きな役割を果たしていた。真澄と志向が違うが、大蔵永常や大原幽学もそうした旅のなかで自らの学問を作っていった人である。農民であっても、伊勢詣でに出かけている家のならいが真澄の眼にもよく触れていたように、旅の時代を迎えていた。

それにしても真澄のように、通り過ぎの一回的な旅ではなく、いったん落ち着けば二年でも三年でもそこに根拠を置きながら、地域を歩き回る習性のあった人はそれほどいるわけではなかった。気に入れば同じ所に何度でも行く人であった。季節が違えば新たな発見や感慨があると考えていた。数年も滞在していればその馴染んだ土地の人になってしまいそうだが、そうはならない。真澄はまた旅立つのである。出会いと別れ（旅立ち）の繰り返し、それが真澄の人生であった。尋ねようと思い定めた地には必ず行った。一度行こうとして果たせなかった所への執念はいっそう強かった。二年、三年待ってでも実現する人だった。気侭な放浪の旅というものでもない。どこに向うかは偶然がたぶんに左右したが、旅の目的意識は鮮明だった。尋ねた土地の「ながめ」「ならひ」「ためし」「のり」「いにしへぶり」など、見聞したことを子細に記録し続けたのである。その点で稀有な人であった。

自らの行動を時間軸とした日記（遊覧記）を始めとして、たくさんの作品を残しながら、人生のうえでの空白、謎もまた多い人であった。数年間滞在した仙台、松前や津軽、下北、あるいは晩年の秋田にあっても、人のために日記類が失われる不測の事態は真澄も述べるようにあったが、それにしても真澄の行動がほとんど分からない年がある。三河を旅立つ以前の、真澄の故郷や生い立ち、青年期の学問形成の時代になると、いっそう未知の領域が広がる。生まれた年や場所すら確定できない。真澄が曖昧ながら記し、あるいは語ったとされるわずかな情報から、さまざまに推測、憶測が働き、それぞれの真澄の像が作られてきた。しかし、どこまで確かな像なのであろうか。検証が難しい。新史料が発見されて、人生の空白が少しでも埋まり、輪郭がはっきりしてくるに越したことはないが、長年の探索が続いてきたのであるから、そうした期待はあまり持てそうもない。

一般論になるが、真澄でなくとも、自分の生い立ちや故郷のことなど、例外はあるにしても、あけすけに人に語るものだろうかと思う。何か人に語りたくない特別の個人事情があったとしても、そのことをあれこれ詮索し、暴いてみせることにはあまり興味を覚えない。作品世界の魅力や可能性をもっと引き出し、語っていかなくてはならない。そうするなかで、真澄という一人の類まれな個性・感性がおのずと浮き彫りにされてくるのではないかと思う。

2　作品のなかの一冊——『楚堵賀浜風』

数ある作品のなかから一冊をと言われたら、飢饉に関心を持ってきたこともあるが、『楚堵賀浜風《そとがはまかぜ》』をためらいなくあげる。天明五年（一七八五）八月、陸奥国津軽を歩いていたときの日記である。天明三、四年の卯辰の飢饉の体験が昨日、今日のようにまだ鮮明であった頃のことで、「けかち」（飢饉）を生き延びた人たちの生の声が記録されている。たとえば、次のような箇所である。

卯之木、床前という村の小道を歩いてくると、草むらに人の白骨が乱れ散っていた。みる心地もなく、あなめあなめと、真澄がひとりごとを言っていると、後ろから話しかけてくる人がいた。これは卯の冬から辰の春までに餓死した者たちである。飢えから助かろうとして、生き馬を殺して食べ、はては息の絶えない人を殺してその肉を食べる者まで生じ、母娘の間でも殺されまいかと疑心暗鬼になった。自分は天の助けか、藁餅や葛・蕨の根を掘って食べ生き長らえることができた。そして、今年もなりわいがよからず、またも「けかち」（飢饉）になるだろうかと泣きながら語り、去って行った。真澄は荒れ果てた家を見ながら、この物語は本当だろうかと想像した（①二七四〜二七五頁）。

長い文章なのでだいぶ端折って意訳した。原文のごく一部を示せば、「卯之木、床前といふ村のこみちわけ来れば、雪のむら消え残りたるやうに、草むらに人のしら骨あまたみだれちり、あるは山高くつかねたり」、「人の肉はみたるもの丶眼は狼などのごとに光きらめき、馬くらひたる人は、なべて面色黒く、いまも多くながらへて村〳〵に在けり」といったような文章であるが、声に出して読んでみると、とても歯切れがよい。真澄の文章は、和歌的な修辞などによって意味が取りにくい擬古文で困ることがあるが、ほとんどそれを感じさせない。たとえていえば、柳田國男の『遠野物語』を音読するのに似た感覚であろうか。

『楚堵賀浜風』には、右のほかにも飢饉体験に嘆き悲しみ、再び繰り返されることへの恐れを抱く民衆の声がいくつも拾われている。津軽の西海岸では大風雨により、船が遭難し、稲が倒伏したが、わが国は前世でどのような犯しがあって、このような憂き目をみるのだろうかと、人々がどよむような声で泣いていた（①二七二頁）。青森湾の浜路をいくと、鍋釜を負い、幼い子を抱えた地逃げする男女と出会い、過ぎし「けかち」には、松前に渡って助けられたのだという。そのことを浪岡の宿のあるじに話すと、この村では馬を食べて命をつなぎ、あざみの葉やおみなえしを摘んで食べたと泣きながら話し、真澄も袖をぬらした（①二八八頁）。津軽から関所を越えて秋田に入ると、「かたゐ」（乞食）が路の傍らで、卒塔婆に鉄輪がついた無縁車を、涙を流しひとりごとしながら回していた。馬を食らい、人を食べたのはまことかと真澄は尋ね、尊きかたに詣でる旅人、出家には罪滅ぼしのため、ありしまま語ると言って、実体験を語ってくれた（①二九〇頁）。

これらの民衆の証言（あるいは真澄の記述）に導かれながら非常の飢饉体験について何度となく考える機会を持ってきた。ここで改めて確認しておきたいのは、真澄が涙して泣く民衆の声を聞き取り、拾い上げて記録したという事実である。「作品」である以上、仮構が含まれているかもしれないが、そのことによって真実性が失われるというのではない。民衆に寄り添おうとする真澄が確かにその場におり、真澄自身もまた涙する人であったことがわかる。『楚堵賀浜風』がそうした民衆の声を聞き届けた作品となっていることが、臨場感のある歯切れのよい文体となって、私たちに響いてくるのだと思われる。扱いをあやまれば、猟奇趣味あるいはホラーになりかねない危うい見聞談でありながら、そうならなかったのは、涙する民衆、もらい泣きする真澄が常にそこにいたからである。

もうひとつ、『楚堵賀浜風』のなかで、紹介しておきたい箇所がある。女の三人づれが、歌をうたいながら過ぎて行った。その「さうか（唱歌）」に「いとおかし」と心引かれるものを感じた。宝暦の頃のことという。白沢という村に検見に来た武士たちが、もてなしの酒宴の場で、さしなべ（銚子）を取る女に歌をうたえと強要した。その女は声高く、「白沢は出風入風あさあらし、下はひへ《(冷え)》たち実もとらず、ひ《(引)》いてたもれやとの、けみ《(殿の毛見)》」とうたい、さらに臆することなく繰り返しうたった。風情のない歌をうたうと皆があきれたが、老いたる武士がこれを聞いて「歌はあめ《(天)》のをしへ《(教え)》」であるといって、年貢を軽くするよう取り計らったという。真澄はその話を聞き、このような女こそが「歌うたひのはかせ」であると思ったというのである（①二八五頁）。

津軽でどれほど広まった話、あるいは歌なのかまだ調べていないが、真澄はこれを『雪の母呂太奇《もろたき》』にも再び取り上げている（③二〇〇頁）。真澄はよほど気に入ったのであろう。村の男たちが酒のもてなしまでして年貢の減免を求めても聞き入れなかった検見の役人が、女の即興の歌に圧倒されて負けてしまう。それを無礼だと言って怒らなかった武士も一廉の人物だったといえる。素人娘の歌であったが、天と人と通い合う歌の力というべきか、歌の本質のようなものをそこに直感し、歌うたいの博士（手本、模範）と素直に称賛していた。歌人真澄が歌をどのように考え、自らの生き振る舞いの支えとしていたのか、垣間みえるようである。

3　民衆に対する目線

真澄の作品の魅力を根底で支えているのは、『楚堵賀浜風』に顕著であったように、民衆の嘆き悲しみに寄り添う、そのような目線で物事を書いているからだと思う。

たとえば、『えみしのさえき』寛政元年（一七八九）五月二七日、真澄が松前の西海岸ヲトベ（乙部）の津鼻に泊まっていたときのことである。漁師の家の軒の近くに、新しい石碑を据えて、八〇歳余りの女が、この石をまさぐりながら左右の手でなでて、「あなはかな、あなかなし」と声もすずろに、よよと泣いていた（②五八～五九頁）。

真澄が石碑のわけを聞くと、五〇年も昔、七月一五日頃、灰が降って昼でも暗がり、灯火を取って行き交い、誰言うともなく五日あれば津波が寄せてこようと語っていた。一九日の夜、盆踊りにさざめき、浮かれ歩いているとき、もの音がし、なへ（地震）が来るかと思ったら、波高く津波が押し寄せてきた。寝ている人は外に出ることもかなわなかった。夜が明けると、家居は波にさらわれ、人が多く死んでいた。わが父親は、砂のなかにさかさまに埋もれ、足のみ出して身まかっていた。そして又、五日を過ぎれば必ず乙波が来ると人ごとに騒いでいると、はたして二五日の夜大波が寄ってきた。亡き跡を弔うため五〇年忌に石の卒塔婆を建てようと思い、今日、その頼んでいた石が船に積まれて届いた。昔の憂き目が思い出され、胸がふさがり人目もはばからず泣いてしまったのだと、老婆は語る。真澄もその「老らくのなげき」に涙が落ちて、歌を詠んだ。

こやあまの袖よりも猶ぬれにけり見ぬいそとせのむかしがたりに

寛保元年（一七四一）の大津波の体験が語られている。松前の西方沖にある大島が噴火し、正確には一八日の夜から一九日の早朝にかけての津波襲来であった。松前藩が幕府老中に届け出た報告文書によると、一九日の明六つ時前、領内三〇里の間に津波が打ち寄せ、浜辺住居の者たち一二三六人が溺死、内男八二六人、女四一〇人、その他に他国者が僧俗合わせ二三一人溺死した。流家七二九軒、破船大小一五二一艘などといった被害である（『松前年々記』『松前町史』史料編第一巻）。乙部では犠牲者を葬った長徳寺の過去帳によると、大津波で即死の者四〇人余、沖から漂着した死体は数知れず、村中に葬る者一八〇人余であった。また、林庄右衛門という人が慰霊のため釈迦堂を建立している。松前（福山）や江差でも無縁供養が行われ、供養碑が建てられた（『新収日本地震史料』第三巻・補遺）。

老婆の語りからは、藩の調べのようには全部で何人死んだのかなど全体状況はわからない。真澄も犠牲者が何人出たかということにはあまり関心を払っていない。真澄にとって大事であったのは、渦中にあった老婆の体験を聞き取ることであった。老婆にとって、悲劇から五〇年の歳月が流れても、砂の中に足だけ出て、さかさまに埋もれていた父親のすがたは、忘れようにも忘れられない記憶であった。津波が来るだろうと予兆を皆が感じながらも、轟音とともにすごいスピードで襲ってきた津波から避難する間もなかった恐さが伝わってくる。そして老婆の五〇年後の石碑を建てようという慰霊行為である。たしかに数値化によって客観的な把握あるいは比較が可能になる。しかし数字が一人歩きしていくことによって、一人ひとりの個々の体験が無機質化していき、心の傷、痛みからは懸け離れていく。江戸時代のように遠くなった時代を扱っているととくにそうなりかねない。真澄の聞き書きはそのような陥穽から救ってくれるところがある。

真澄はさまざまな種類の民衆の嘆き悲しみ、あるいは哀れな境遇を書きとめている。稚児ひとりを残して行き倒れになり埋葬された身元不明の女、船が荒波で遭難しかかり髻を切って合掌する男、鯡の不漁が長く続いていることをうらむ翁、鹿や猿に作物を食い荒らされるのをなげく女翁、蝦夷地出稼ぎ者の海難事故を泣き悲しむゆかりの男女、地震に逃げまどい泣き叫ぶ人々、水害で橋が流れ田に水が満ち嘆きさまよう人々、等々。そのような民衆の不幸を見聞きするごとに真澄は涙した。大葛《おおくぞ》鉱山では、山で働く男たちが烟の病で四〇歳まで生きるのはまれで、男三二歳で四二歳の厄年を祝い、女は若くして男に先立たれるので老いるまで七人、八人の夫《ツマ》をもつのが多いと、あるじが声を呑むように語るのを聞き、真澄はここでも涙が落ちている（『秀酒企《すすき》の温濤《いでゆ》』③三九七頁）。

真澄はあるがままに物事を観察し記録したといわれてきた。正月の年中行事などの詳しい記述をみるとそのことに納得させられる。冷静沈着な性格のようにみえるが、ずいぶんと涙もろく、泣いた人だったのではないかと思う。作品の修辞的な決まりのパターンだとは必ずしも看做せないのではないか。真澄は本質的にそのような人だったし、それが真澄の作品全体に貫く特徴となっており、真澄に共感をもつ人が多い理由なのではないかと思う。真澄は怒りを露わにすることはなく、義憤の人ではなかった。人々の嘆き悲しみに耳を傾け、涙して境遇を共に理解する人ではあったが、嘆き悲しむ人々の心のなかにずかずかと入り込み、救済の言葉を投げかける、あるいは解決策を授ける、といったタイプではなかった。問いはするが、語るを聞くに撤した人であった。

人々の心の中に介入していかない、心を縛ろうとしない、それが真澄の基本的な生き方だったのではないか。介入は時に不幸をつくり出し、反発を買う。旅する者として自然と身につけた処世術だったのかもしれない。真澄と民衆的な話者との間の、犯しあうことのない信頼関係のようなものが成り立って、民衆の嘆き悲しみが記録されているのだといえよう。

誤解を与えてはいけないが、むろん嘆き悲しみだけを真澄が記していたのではない。酒を飲み、歌をうたう民衆は随所に出てくる。そうした丸ごとの民衆のすがたを真澄はよく観察していた。真澄の作品からどのような民衆像を引き出し再構成していけるかは、真澄の責任ではない。わたしたち読み手の眼力にかかわってくることである。

4　人間真澄の感情

真澄の人生にとって幸せな気分だったのは、どの地域に滞在してであれ、その地域の文化的ヘゲモニーを持っている教養人たちと円居しながら、あるいは名所旧跡を探勝しながら和歌を詠みあうことであったろうか。女性の歌詠みと席を同じくすることも珍しくなかった。晴れがましい真澄のすがたである。その一方で、真澄がいわば突然の客として一夜を泊めてもらったときの、それも和歌や俳句の受容層でもあるような村や町の長の立派な家ではなく、ごくふつうの、あるいは貧しげな家に泊めてもらったときの、真澄と家人とのやりとりの場面は人間真澄の感情、心情がストレートに出ていて印象深い。作品（読み物）としての日記の魅力を醸し出すのに効果的であった。

南部一戸の先に末の松山を尋ねたときの帰りの宿でのことである（『けふのせはの、』天明五年〈一七八五〉九月六日、①三〇九〜三一〇頁）。宿を求めたが、家のあるじの女に米が一粒もないので泊めることはできないと断られる。一夜くらい食べ物がなくてもかまわない、道遠く足が疲れたといってひたすら願い、許された。粟の飯に塩漬けの桃の実を添えて出してくれた。自分たちは粟のみ食べるといい、今年もまた畑作がよくないと嘆いていた。これを枕にと、米をはかる升を出してくれた。鳥も鳴かぬうちにもの音がして目覚めた。家の翁が、火を焚き、斧やまさかりを磨いで炉のへりに並べていた。この離れ家でわが命や滅びん、金や衣を取ろうとするのか恐くなり、短い錆太刀を身に添え持ちじっとしていた。荒々しい男二人が外から入ってきて、寝ているのは誰かと聞いている。旅人という。いよいよ心落ち着かず恐ろしかった。やがて、翁の声に若者も起き出し、歌をうたいながら出かけて行った。真澄は起きて人々はどこへ行ったのかと聞くと、山へ行ったという。

人というものはこのように疑うものかと、自分の心から、おのずと鬼も仏も作り出すのは容易であると、真澄は恥じた。天明の飢饉に襲われ、回復して一年後くらいの山里の民家である。粟や稗の雑穀地帯である。旅の人に米の飯を出せないことの気後れがあるじの女にはある。畑作が心配で食べ物が不足するかもしれない。枕もない貧しさである。いわば見ず知らずの旅人を殺してもおかしくない客観条件が揃っている。しかし、家人たちは早朝から起き出し、斧を持って山に行く働き者たちであった。再び寝た真澄が起こされると、人々が居並んで薄墨色の飯（稗飯）を食べている家族であった。泊めてほしいといえば、断りきれず泊めてくれる人たちであった。民衆が描けていると思う。

南部下北ではつぎのような宿での会話があった（『をふちのまき』寛政五年〈一七九三〉一一月二七日、②四〇五〜四〇六頁）。

春に一夜泊まったことのある翁の家を訪ねた。男は菅の筵を織り、女は布を打ち、暮れると男は縄をない、女は麻苧の糸をうんでいた。夜なべ仕事に精出す人たちであった。女の翁が真澄に問う。親たちはまだあるのか、親があるのならば早くその国に行きなさい。我も子供をたくさん持ったが、近き山に入り杣、山子の業で世を渡っている。寒い日はどうしているのかなどと心配し、朝夕顔を見たいと思うものである。そこの親もさぞや待っているだろう、と真澄に語る。

再びやってきて泊まり、どうして故郷に帰ろうとしないのか、女翁の気持ちには腑に落ちず、胸につかえるものがあっての質問だったのだろう。その「いさめ」に対して真澄は何も答えられなかった。くじ（孔子）の教えに背き、孝行をせずほしいままに身をほうらかしているとの悔いを感じたからである。

父母はなきかとぞとふ世にまさば遠くあそばぬをしへおもへど

しかし、父母のもとに帰ることのない真澄であった。どのような生家の事情があったかはわからない。そんなにも不孝を恥じるなら帰るがよいとさえ突き放したくなる。しかし、それでは故郷を思う旅は完結してしまう。旅を続けるために故郷を語り続ける、そのような青年の物語を生涯抱え込んでしまった人生だったように思う。

もうひとつ、津軽で雪降るなか、柴火にあたらせてもらったささやかな家でのことである（『津可呂《つがろ》の奥（仮題）』（寛政七年〈一七九五〉一一月朔日、③三二一～三三三頁）。あるじが、食べ物はあるが、寒くて眠れないだろう、それでもよければ泊まっていきないと情け深く語る。横座を立ち退いて、真澄を座らせ、柴の火をいや高く焚いた。荒く編んだ菅の筵をしき、重い猫垣というものを身の中ほどに掛けてくれ、こも屏風を枕のあたりに引き回し、寝かせてくれた。家の男女が話している。どこから来た人なのだろう。奥の大雪のなかを迷い歩き、「かたゐの小屋」のような家に入って寝たなどと、家族の人が聞いたなら、

「無うからんと涙やおとしけん」と聞こえてきた。こうしたまめなこころざしに、父母のことが思い出され、涙がこぼれた。

　ふる里にありつ思をすがむしろしき偲び寝の夢か現か

ここにも父母や故郷が出てくる。その物語が繰り返されると陳腐にもなってくる。それはともかく、真澄の素性を確かめるでもなく、旅の者をあたたかく迎えて泊める。食べ物はあると言っているが、真澄の申し訳なく思う気持ちを汲み取っての言葉であったように思われる。ここに紹介したばかりではない。真澄の旅や人生は貧しくも情けある人々によって支えられていた。そこに真澄は飛び込んでいき、その人たちの嘆き悲しみに触れ、情けや優しさを感じた。宿のあるじから聞いたことが、どれほど真澄の知識の源泉となっていたことか。

真澄は名所旧跡を尋ねるさい、宿のあるじや村の老人などに道案内を頼むことが多かった。ぼけぼけしく道に迷う案内もいたが、そうした村人の協力で、どんな山奥でも、すばらしい滝があると聞けば沢を深く分け入った。真澄の作品はいわば、そうした民衆的な人々の息づかいのようなものを基盤にしていたのである。

第二章

「蝦夷」への憧れ——松前渡海まで

1　外が浜の地に至る——出羽から陸奥へ

菅江真澄は天明八年（一七八八）、三五歳の頃松前に渡った。それより前、同五年三二歳頃に一度青森湊に来て松前に渡ろうとしたが叶わなかった。真澄をこのように松前に向かわせた理由、動機は何であったのか、本章では松前渡海以前の日記（遊覧記）からそれを探ってみようと思う。

菅江真澄が日記（遊覧記）のなかで、残存しているかぎりであるが、「蝦夷」について初めて記したのは、『齶田濃刈寝《あきたのかりね》』天明四年九月二九日条の出羽由利郡の象潟・塩越でのことであった。行き交う人たちをみると、「アッシ」といって、「蝦夷の嶋人」が「木の膜」で織り「ぬひもの」（刺繍）した短い衣服を着て、小さい「ゑぞかたな」（蝦夷刀）を腰にかけ、火打ち袋を添えていたという。「ゑぞかたな」については、割注して「まきり」という小刀で、「蝦夷」はこれを「エヒラ」というのだと記している（①二〇八頁）。この地域からは廻船の船乗りなどとして松前方面に行く人が多く、アイヌの人たちのアットゥシを入手して着る風であったが、それを見逃がすことなく書きとめたことになる。アイヌ語として未確認であるが、「エヒラ」という言葉もアッシとともにこのとき聞いたのであったろうか。

翌五年八月、秋田から日本海沿いに津軽に入った真澄は、深浦の手前の中山峠で、はるばると見渡せば、「松前の島」が小笠のように遠い波間に漂ってみえた（『楚堵賀浜風《そとがはまかぜ》』八月四日条、①二七二頁）。淡々と書いているが、松前を目指しているかのようである。この年の大風雨などによる生活危機と、過ぎし天明三・四年の飢饉の悲惨な状況を見聞しながら青森の湊に至った。澳（沖）の遥かに南部の岬、鵜曾礼山（恐山）がみえ、さらに「松前のしま、蝦蛦（蝦夷）のちしま」なのであろうかその先に漂っていた。松前の島にいく船路は一八里あり、達飛《タツヒ》（竜飛）が崎、中の潮、白神が崎という、恐ろしい汐瀬を乗り分けて船渡りすると人が語ってくれた。天注に、後になってからかもしれないが、青森を西日かた（夕方）に「くだり」（南風）で船出し、ふた日和で、「やませ」（山背）を待って三厩、宇鉄から松前へ渡る、と記している（八月一八日条、①二八六〜二八七頁）。

ここは善知鳥で知られるみちのく（陸奥）の「そとがはま」と呼ばれてきた場所で、真澄は月見しようとその「磯輪」を歩きながら、王土の果てや異域を想像した古歌にあやかって、「外が浜」（率土の浜）や「ゑぞが嶋人」を題材とした歌を詠んだ。そして「蝦夷人のふり」を見たいと思って、いつ松前へ渡ることができるのか、神に「十日の日数をかいひめ、又三年の春秋の時をしるして」占ったところ、この十日のうちにはなく、三年間待つべしというお告げだった。そこで渡海するのをやめたのだという（八月一八日条、①二八七頁）。「をり（折）もあらば」と真澄は記しているが、その性分は辛抱強く、こころざしを遂げる人であったので、松前渡海の実現を期したのであったに違いない。

そのあと、家を捨て故郷を離れる津軽の人々を目撃しながら秋田へと向かう。大鰐温泉から碇ヶ関への間で、かすべ、瓜、茄子を籠に入れて、路もない山中に分け入っていく「山子」（杣などのたぐい）と遇った。「かすべ」とは王余魚（かれい）の類で、「かすゐひ」という魚の乾肉のことであり、夏の頃、「蝦夷人」が獲って、「秋味《アキアヂ》」に積んでくるものであった。その「秋味」というのは、秋に来る松前出の舟を指し、「よきあぢに来る、あぢよきなどいふより起るか」と真澄は理解し、積んでくる鮭の塩引などにもこの名があるとしている（八月二二日条、①二八九頁）。山子から聞いたのであろう。

まだ、「蝦夷」と直接に結びつけられているわけではないが、津軽の「鬼」伝承のことも書きつけていた。岩木山近くの赤倉の洞に万字、錫杖の「ふたつの鬼」が住むという話（①二八〇頁）、十腰内《トコシナイ》の由来はむかし、鬼が打った刀を「鬼神太輔」といい、世に九腰あって十腰ないから村名になったという話（①二八三頁）、深砂大明神（猿賀神社）の近辺に「鬼の頭」を埋めたという地元の人の話（①二八四頁）が記されていた。

碇ヶ関の関所から秋田領に入ると、「大人《おおひと》の入湯」の故事にある「鬼湯」があった（八月二二日条、①二九〇頁）。そして綴子《つづれこ》という村に至ると、真澄は『日本書紀』斉明帝五年三月の阿倍比羅夫の遠征記事を引き、綴子はいのしえの「し、いれこ（し、いりこ）」かと想像し、「あいた（飽田）の蝦夷」「ぬにしろ（渟代）の蝦夷」といって、「みちのおく」（陸奥）・「いでは」（出羽）にも「ゑみし」が住んでいたのであろうと思いをめぐらす。「しりべし」は岩木山か、「うしろかた」（後方むら）というところもある、松前の島東の「ゑぞの国」に「しりべつ」という山があり、その辺に「とい」という「ゑみしのさと」がある、などと物語ってくれる人がおり、「いづれかよしといはん」と、古代蝦夷の地名の比定に関心を抱いた様子であった（八月二三日条、①二九一頁）。

2 「蝦夷」をめぐる伝説・物語――仙台領を歩く

天明五年（一七八五）冬から同八年夏まで、仙台領の前沢・平泉・一関辺に滞在し、領内を歩き巡るが、その間にも「蝦夷」にかかわる記事が書きとめられている。『かすむこまかた』天明六年正月一六日早朝、徳岡での鳥追い行事で、童たちが「早稲鳥《ワセドリ》ほい〳〵、おく鳥もほい〳〵、ものをくふ鳥は頭《アタマ》割ッて塩《シホ》せて、遠嶋さへ追て遣《ヤ》れ、遠しまが近からば、蝦夷が嶋さへ追てやれ」と唱えて歩いていた（①三三四頁）。真澄は各地の鳥追いの歌を採録した人である。詞章には地域性があり、出羽や越後では蝦夷が島ではなく佐渡が島へ追い払うというところもあるが、そこには人々の境界・異域感覚が反映している（拙著『東北から考える近世史』清文堂出版、第五章「鳥追い歌の歴史分析」参照）。

また、正月二〇日条、世話になっている人たちと中尊寺に詣でた日の記事中に、『上編義経蝦夷軍談』からの義経不死の蝦夷渡り物語の主要部分を長々と引用している（①三四二～三四五頁）。義経の蝦夷征伐が主題で、仙人化した常陸坊海存が活躍する架空の文学作品である。真澄が「みちのく物語」と呼んだもので、この地域で語られた『清悦物語』とともに、地誌・随筆にまで生涯たびたび引用し、その真実性にこだわりつづけた文献であった。蝦夷に渡って戦ったのは別人ではないかとの疑問を持ちながらも、結局のところはその物語に絡めとられたような真澄であった（拙著『義経伝説の近世的展開』サッポロ堂書店、二〇一六年）。

同二六日には、達谷《たっこく》村の山王の窟《イハヤド》（達石窟、西光寺）を見ようと出かけた。赤頭《アカガシラ》、達谷《タカヤ》（高丸のことか）などというものがこの窟に籠り、これを坂上ノ将軍田村麿（麻呂）が討ち平らげたという伝説があった（①三五一～三五二頁）。つづく『かすむこまがた続』では、真澄が三月三日、小迫山正太寺（勝大寺）に行き、悪路王やその子の高丸を討った田村麻呂と鈴鹿の前をまねた舞を見物している（⑫二七頁）。翌日、姉歯の松を見に行き、富村というところで、「蝦夷の嶋人」が隠れていたという穴があった。なかに仏像が八つあったが、「かたゐ」（乞食）が集まるというので今は埋められ、二、三体が現れていた。「蝦夷の嶋人」については具体的伝承がなかったものか、何も記されていない（⑫二九～三〇頁）。同日、若柳の金田八幡の別当清浄院量海の家に泊まり、田村麻呂が「夷」を平らげてのち「鬼渡の社」を建立したなどと聞いている（⑫三一頁）。

同じく天明六年夏の『はしわのわか葉』では、四月九日に平泉の義経堂にのぼったが、ここでも「いくさの書《フミ》」の『義経蝦夷軍談』を取り上げ、松前に渡った義経主従が「蝦夷」と戦い治めたとの簡単な粗筋を記している（①三七三頁）。その翌日、達谷《タツコク》の窟《イハヤ》を再び訪れ、達谷麿《タカヤマロ》が住んだところかとし、出羽国雄勝郡にも「阿具《アグ》呂王」の窟があるとしている（①三七三頁）。一一日には、山ノ目の配志和神に詣でた。この神社には、安日ノ社、神星ノ社などがあって、それを巡って歩いた。安日は神日本磐余彦天皇《かんやまといわれびこ》（神武）の「官軍《ミイクサ》」に敗れた長髄彦《ナガスネヒコ》の兄で、津軽の十三《トサ》湊に流され、その末が阿陪（阿倍）頼時である、また神星ノ社については分からないが、阿倍（安倍）貞任の男《コ》の高星、その子の月星の旧跡《アト》が津軽の藤崎に残っているとする（①三七五頁）。

真澄の連想はさらに津軽の妙見ノ社の枝神五十嶋《イガシマ》ノ社に及ぶ。「蝦夷を斎《マツ》る」といい、斉明紀（『日本書紀』）にみえる問《トヒ》菟《ウ》の蝦夷、胆鹿嶋・菟《ウ》穂名の塚の祠かとする。「伊賀志麻」（いがしま）という「夷ノ名」は今もあり、それは「物の余《アマ》る事」の意で、「蝦夷人」が名をつけるに、童《ヘカチ》・女童《カナチ》の癖を見てつけ、醜名《シコナ》が多いという。問菟は、津軽の比良内《ヒラナイ》にあり、今は畠名《ハタナ》となり「太夫」と呼び、その近くには「蛇口《ジャグチ》」という「蝦夷」の住んでいるところがあると記している。なお、比良内（平内）は「夷語（エゾコトバ）」のヒルナヰが移った語だと注記している（①三七六頁）。

ただし、こうした記載を天明六年当時のものと見做してよいかは疑問がある。『日本書紀』のことはともかくも、童にヘカチ、女童にカナチと読みをつけ、比良内をヒルナヰとアイヌ語地名のごとくに説明しているのは、後年の松前の旅のあとの知識ではないかと思われる。内田武志の解題によれば、この日記は一度ならず書き改められているからである（①四九五～四九六）。ほかの日記についても同様の問題があり、どの箇所が書き加えられたのか確定するのはなかなか困難なことである。

同日記四月一三日条では、『続紀《ミフミ》』（『続日本紀』）より、光仁帝宝亀五年、同七年の「蝦夷」の記事を引き、前沢あたりは「むかしは夷賊《エゾ》のみ多く」住んでいたのだろうと、蝦夷の地であったことを感じていた（①三七七頁）。六月一四日、正法寺を詣でたあと、夏山というところに来ると、酒を売る店で濁酒を飲んでいた男が、もう少し飲みたいが価《アタヘ》（代金）がない、「腰鮒《コシブナ》」を見ながら使い果してしまったと酔い哭《な》きしていた。この腰鮒について、真澄は「腰銭」のことで、むかし銭を鮒形に鋳たのでそのようにいったが、「是を考る」に「蝦夷人」が「賃料」のことを「ブンマ」といい、このブンマの「転《うつり》たるブナ」かと解釈している（①三九七頁）。無理がありそうだが、これも後年のアイヌ語知識なのでなかろうか。つづく『はしわのわかば続』（仮題）には、八月一八日、壺碑（多賀城碑）に行き、「あづまや」の格子のなかを覗いて、「去蝦夷国界一百二十里」などとある碑文を書き取っている（⑫六一頁）。

日記ではないが、仙台領滞在時のこととして、山ノ目大槻家の民治（後の平泉）が天明六年（一七八六）一〇月、一四歳のとき真澄の絵を模写した『凡国異器』がある。そのなかに、松前産の「慧婦利胡」（エブリコ、サルノコシカケ科のキノコ）や「イケマノ葛」、カラフトの「青珠・赤珠」などを描いた図、弓・矢・刀などの「蝦夷嶋器」図、「蝦夷人燕居衣、阿津志」図、「蝦夷嶋人、毒壺《フスイレ》」図、「蝦夷産カスベ」図など、数点の松前・アイヌ関係の図が含まれている（⑨一〇二〜一〇三頁、一一一〜一一六頁）。真澄が以前どこかで実際に目にしたものなのか、あるいは既存の図絵を写したものなのか不明であるが、真澄が松前渡海以前に、ある程度の「蝦夷」についての予備知識・情報を持っていたことが知られる。

3　再び松前をめざして——南部から津軽へ

天明八年（一七八八）夏、真澄は仙台領の胆沢を立って松前に向かう。島渡りまでの南部路（盛岡藩領）のことは『委波氏酒夜麼《いわてのやま》』（岩手の山）という日記、馬門の関屋を越えてからの津刈路（津軽路、弘前藩領）は『率土《そと》か浜つたひ』という日記であった。『委波氏酒夜麼』の冒頭に前述の天明五年秋のことを思い出して書いている。自分はいずことなくさすらって歩き、「雲離れ遠きくにべにも来けるものか、蝦夷が千島の月のあはれはいかゞあらん」と「そとがはま」に来て、青森の湊より松前へ船出しようと思った。善鵆（善知鳥）社に詣でて、波風が平らかになるように祈った。「やませ」という風を追手にいくということなので、その風を待って海士の苫屋に何日も旅寝したが、海が荒れてばかりであった。よき日はいつくるのかと浦人に問うと、葉月（八月）の頃は海の習いでこうしたものだというので、船路が安らかでない、祈った神の「みさか」（御祥《みさが》、知らせ）かと思いをめぐらし、再びと心に契り、そのときは断念したということを述べている。十日、三年の占いのことが出てこないが、良風が吹かず船出できなかったと述懐している（①四二一頁）。

そして、「あら玉のとしたち春にもならば、こさふくゐぞの島人」もみてみたいと欲したが、今年はなりわいがよくなく、行く路に煩いもあるだろうからと人々が止め、また体調を損なったりして、今年こそと思いながら三年経った。そこで心慌ただしく、天明八年六月半ば出立しようと決めたのであった（①四二二頁）。別れにあたって親しく交わった人たちが集まり、数日にわたって、「蝦夷が千島」、「ゑぞ舟」、「行ふねの蝦夷がちしま」、「夷のしまふね」、「ゑぞの遠州《シマ》」などと「蝦夷」を詠み込んだ歌を交している（①四二三〜四三〇頁）。

南部路では、七月五日、七戸を過ぎて壺の碑を尋ねた。坪村、石文村のあたりを探し歩いたが、地元民は誰も所在を知らなかった。千曳大明神（千曳神社）の社の下に千曳（千引）の石が深く埋めてあり、これが壺の碑だという人があった。真澄は前述の宮城郡の碑は「多賀城の碑」であって、まことの壺の碑は、この坪村か石文村にあるのでなかろうかと推測している。この碑を詠んだ顕昭、仲実、清輔の歌を引用しながら、そこに詠み込まれた「蝦夷がちしま」、「毛布の郡」、「津刈郡」も近隣にあるからであった。しかし、碑のすがたを見ない以上は友への「家つと」（みやげ）にならないと、再びここに来て詳しく尋ねようと心に決めている（①四四七頁）。また、この奥南部は平安後期から馬産地として知られており、歌枕の「尾駮の牧」はどこか聞いてもわからず、真澄は後年執拗にこの地を探し廻ることとなる。

津軽に入り、陸奥湾沿いに真澄は歩いていくが、「蝦夷」関係の記事が増えてくる。浅虫の「うたうまへ」（善知鳥崎）のかけはし（梯）近くには「婀岐都が窟」といって、人の行かない「いはやど」（窟）があった。むかし、「あら（荒）蝦夷人」が籠って行き交う船から宝を奪っていたという（七月七日条、①四五六頁）。野内の貴船神社の末社弁財天は「鬼が女十郎姫」の霊、あるいは義経の「をんなめ」（妾）であろうか「旭（朝日）の前」の霊を祀ったところといい、神主に「その鬼が娘とはいづこの鬼にてか」と真澄が聞くと、「蝦夷などのたけきをいひしにや」と答えてくれた。鬼は「蝦夷」とつながって観念されていた。また、「自呂左久（じろさく）」という「蝦夷人」が住んだ家の跡があった。そこに立石があったが、その妻が老いて、自分の子が「遠島わたり」したのを「こひわび（恋ひ侘び）」て、そのすがたが石と化したのだという（①四五七～四五八頁）。この「遠島」とは蝦夷が島を指しているのだろう。

青森では再び烏頭（善知鳥）の社に詣で、それから「草刈る翁」に銭を払って案内してもらった。この翁の話には、若い時は「沖乗り」（廻船の船乗りか）を職として、風に流され小島（松前小島か）にかろうじて着いたが、食べ物が尽きたので島にたくさんいる「うとふ鳥」を手拭や小綱の端で打ち落として炙って食い、命生きて松前に渡ったとのことであった。善知鳥についての記事中であるが、津軽と松前の密な結びつきを想像させてくれる（①四六〇頁）。

七月九日、油川を出て、瀬戸子《トシ》の浜など歩いていくと、「れいの道」をつくるというので、「蝦夷人」が木の皮で織った「阿通志（あつし）」という衣に繍したものを着たり、あるいはこの浦の乙女が麻布で織り、背のあたりを太い白糸で縫い物したのを着たりして、男女が混ざって働いていた。「れい」は慣例になっているの意であろうか。真澄がこのさき三厩に泊まって松前に渡ろうとするが、「むさし」（幕府）からここに来るというので上宇鉄に向かうことになる。幕府巡見使のための道普請であった。この巡見使一行には『東遊雑記』を著した古川古松軒が加わっていた。真澄はその作業着に目を向けたが、前述の由利郡で目撃して以来の「アツシ」であった（①四六二頁）。

翌日、宇田に来て、「みちのおくに宇田といふ処のいと多し」と記すが、アイヌ語地名に引きつけた解釈はみられない（①四六三頁）。ここには門建岩があり、窟の観音といって鳥居が立っていたが、「鬼」が籠った「いはやど」という。鬼泊川という名の川も渡った（①四六四頁）。山崎村の村端にある古塚は、松前へ島渡りし高麗に至ったという日持上人が法華経を石に書いて埋めた古跡という（①四六五頁）。一一日、真澄は三厩に着き、観世音の堂にまつわる義経・円空の物語を詳しく記している。前述のように三厩から上宇鉄に行くが、途中の竈（釜）の沢村には、田村将軍が「ゑみし」を討った頃に据えたという「釜のあと」なるものがあった（①四六八頁）。

上宇鉄の浦で泊まった宿は四郎三郎という浦の長の家であった。この浦人は「もと蝦夷の末」であるが、「ものいひ、さらに、ことうら（異浦）にことならず」、近きむかしに鬚・頭を剃り、女も文身がなく、「けじめ」（差別、区別）がみられなかった。母衣月、松が崎、藤島、宇鉄にはそれぞれ「保長《ヲトナ》」がいて、浜名浦の「おやかた」七郎右衛門に対して年の暮れなどに「刀万府」（海狗のたぐい）を小島あたりで獲り、「土毛」として贈っているなどと（①四六八～四六九頁）、弘前藩による宝暦期の百姓化政策以後の、津軽アイヌの暮しぶりをよく観察し、聞き出していた。

一三日、ここから出船することになるが、宿の男と船乗りとの会話に「ぶんま」とか「ぴるか」といった言葉を耳にし、「夫牟万とは賃銭をいひ、比留加とは良《ヨシ》といふこゝろなりとか」と記しており、真澄はすぐにその意味を聞いたのであろう。ブンマは前述のように仙台での日記のなかに語意が注記されていたが、ここで聞き覚えたことが書かれているのであろう。「やませ」も船出の風と最初に青森湊に来たときに記していたが、「やませとは、山の背などより吹をはじめにやいひけん、艮（東北）の風をいひて、これを追手に松前渡をせり」と、やませの意味を的確に捉えている。日が入り、やませが吹いてきて、真澄らは小舟から大船に乗り移って船出していった（①四七〇～四七一頁）。

4 「蝦夷」へ向かわせたもの

菅江真澄はいつから松前渡りを考えるようになっていたのだろうか。青森湊に来るまで松前に渡海するつもり、あるいは「蝦夷人のふり」をみてみたい、などと日記に書くことはなかった。途中、由利で「蝦夷人」のアッシを着る人に関心を示し、また秋田から津軽に入った中山峠で松前島を遠望することがあったが、それだけで松前渡海を目指していたと判断することはできない。真澄は目的地に急ぐ旅ではなく、気に入れば友誼を結んでその地に長く留まる人であったので、最初から目的地を定めていたのかも疑わしい。

しかしながら、三河を出て以来の真澄の旅の道筋を辿ってみると、信濃から越後に出て、ほぼ日本海の沿岸筋に庄内・由利を歩き、そのあと秋田の内陸に入るものの、また日本海側を津軽に入り青森に至っている。結果的には松前への一番近道の直線的ルートを北上したことになる。江戸経由の奥州街道方面より、日本海側のほうが廻船などではるかに松前との往来があり、その地の情報が入ってきやすかった。真澄には日本の隅々まで探訪してみたいという願望があったから、そのような旅の道となったのは、語らずとも詠まずとも、北（ないし東）の果てまで極めてみようと当初から心に秘めていたのではないか。それがおのずと北に足を運ばせ、旅を続けるなかでさらにそうした気持ちを強くしていった、私にはそのように思われる。

それでは真澄を北へと突き動かしていたのは何か。第一には、歌人としての古歌・歌枕への憧憬とみるのが自然であろう。真澄が残存する日記のなかで、「外が浜」を詠んだ初見は秋田から津軽に入った天明五年（一七八五）八月三日、黒崎村で貝釜による塩焼きを見たときのことで、「しほがまにむすぶけぶりの行衛なみ空に吹とく外がはま風」と詠んでいる（『楚堵賀浜風』①二七〇頁）。次には、弘前でのこと、間山祐真という人の妻律子（りち子）からの「十五夜の月」を頭において詠んだ歌に対しての、「きてぞしるさやけき月もみちのくの外がはま浪よるのあはれを」（八月一五日条、①二八二頁）という返しの歌であった。津軽の地に入って真澄は「外が浜」を相当に意識していたことがわかる。そうなると、前述のように青森湊に向かうのは必然であった。そこで「外が浜海てる月もよし衢羽風に払ふ浪のうき霧」「おもひやるゑぞが嶋人弓箭もてゐまちの月の影やめづらん」「見るがうちに空行月の曇るこそゑぞの島人こさや吹らめ」という三首を詠み、『楚堵賀浜風』に書き載せている（①二八七頁）。「外が浜」の湊からその先にある「ゑぞが嶋」「ゑぞの島人」へと想像が膨らんだに相違ないのである。

「外が浜（外の浜）」や「蝦夷が島（蝦夷が千島）」を詠んだ、藤原清輔、西行らの平安後期から鎌倉時代にかけての古歌は少なからず知られ、「蝦夷」の読みがエミシからエゾへ変化していく論証にもなってきた（海保嶺夫『中世の蝦夷地』（吉川弘文館、一九八七年）。こうした古歌のなかでも真澄は三首目に詠み込んでいる「こさ」にとくに興味を持ち、晩年までその意味を追究した。『布伝能麻迩万珥《ふでのまにまに》』に「こさ草がくれ」の項を設け、為家卿（藤原為家）の詠歌《ウタ》であるとして、『夫木集』（秋ノ部）より、「こさふかばくもりもぞするみちのくのえぞには見せじ秋のよの月」を引き、この「歌ひとつをもて、こさてふもの、世にひろく聞え」ていると記している（⑩七〇頁）。

この「こさふかば…」は出典によって歌の一部が別の表現になり、作者も西行など諸説があるようだが、よく知られた古歌であって、「こさ」の意味について橘南谿や滝沢馬琴らの諸説を紹介し、長年考えてきた自説を述べているのである。それはともかく、この有名な「こさ」の歌のこころを知るにもその地に行って、「蝦夷人のふり」を実見しないとわからない、というのが真澄の基本的な態度だった。「ふり」というのは風俗・習慣のことであるが、歌から風俗へと関心が向かうのは真澄にとって必然であった。

真澄が胆沢を立つとき、親しく交際した人たちとの歌のやりとりで、返しに「ゑぞ舟にのりてちしまをわくるともかぎりも浪のたちかへりこん」（『委波氏酒夜麼』①四二三頁）、「さらでだにうけき秋風身にしみてとくめぐりこん夷のしまふね」（①四二五頁）、「いつの日かおなじまどゐになにくれとゑぞがちしまのことかたらなむ」（①四二七頁）と詠んでいる。「ゑぞ舟」に乗って蝦夷が島を巡り、そして帰ってきてその体験を友らと語らっている自分を想い描いている。このときははっきりと松前渡海が目的となっていた。そして津軽路に入り、歌をあげるのは省略するが、途中、外が浜や野田の玉川、もろこしの鞋鞨、奥の浦などを歌に詠んで上宇鉄に至り、いよいよヤマセ吹き、「見わたしの近きものから蝦夷のすむ千嶋のなみの夕ぐれの空」（『率土か浜つたひ』①四七一頁）の歌とともに、松前へと渡っていくのである。

むろん、真澄を松前、蝦夷が島へ引き寄せたのは古歌ばかりではなかったろう。すでに四年ばかりの奥羽の旅、暮しのなかで、奥羽と松前・蝦夷との交流を示すアツシや秋味、『凡国異器』に描いた蝦夷の器物、『日本書紀』などに記載される古代蝦夷、伝説化した蝦夷・鬼および田村麻呂、義経の蝦夷渡り伝説、そして二度目の津軽路での「蝦夷人」居住の跡、および宇鉄アイヌの存在など、真澄のその後に見聞を広め、探究していくことになるいくつもの事柄、事物に触れていた。したがって和歌ばかりでなく、その全体が関係していたとみなければならない。

ここでは、真澄の松前渡海以前の「蝦夷」についての見聞・知識に絞ったので、松前に渡った真澄がアイヌの人々の何をどのようにみたのか、また松前から戻ってきた真澄が北東北をみる目に何か変化が生じたのか、といった問題が残されていることになる。この点についてはすでに拙著『菅江真澄が見たアイヌ文化』（神奈川大学評論ブックレット、御茶の水書房、二〇一〇年）で具体的に検討してみたので、ここでは掻い摘んで述べておくにとどめておきたい。真澄がアイヌの暮らしぶり、民族文化を理解するにあたって心掛けたのはアイヌの言葉の意味を探りながらその文化を理解することであった。日本文化の規範性によって華と夷（未開と文明）の別を論断していく多くの学者的態度と違っていたことになる。そこからアイヌの人々は自らを「アヰノ」と呼んでいることをいわば発見し、「蝦夷」「蝦夷人」という漢字表記を否定したわけではないが、「アヰノ」と振り仮名をつけ、またアイヌ語の地名や事物をアイヌ語のままカタカナで書き表すなど、アイヌ文化理解にあたって確実に先端を歩んでいた。

松前滞在の約四年間は、真澄にとって三〇代の後半にあたる。人生のうえでその頃が、むろん早い遅いがあろうが、吸収力旺盛でその人の学問ができあがっていく最も重要な時期なのでなかろうか。そのような大切な時期にアイヌ文化に触れたことが、その後の北東北での下北・津軽・秋田でのさまざまな考究に影響を与えないはずがない。松前渡海以前と大きく異なるのは、北東北の地名の解釈に端的に表れているが、アイヌ語地名が数多く残ることを真澄のアイヌ語知識によって確認し（解釈が妥当ではないのも含まれようが）、それをはっきりと記述したことであった。それは晩年の秋田藩地誌にも生かされている。

地名にとどまるのではない。生活習俗のなかにもアイヌの人々のそれとの共通性を認めることがしばしばあった。これに文献上の蝦夷知識、あるいは蝦夷に関係する遺跡・伝説が重なってくると、道南と北東北に通底するものが浮かび上がってくる。むろん、北東北そして道南へも南からの人口圧力、文化・政治圧力が歴史的に加わってきたから、それが希薄化していくことは免れがたかったが、そのような古層、基層に真澄の学問、探究が確実に踏み込んでいたといえるではなかろうか。詳しくは前掲の拙著、および本書の他章を読んでいただければありがたい。

第三章　「いにしへ」探究の真澄の旅・学

1　「いにしへ」発見の旅

菅江真澄には「いにしへ」（いにしえ・古）へのつよい憧れや思いがあった。旅の目的について、たとえば、「ふるきところ〴〵のかんみやしろに、ぬさむけたいまつらまく、はた、名だたるくま〴〵も分見ばやと、このも、かのもにはせめぐり」（『来目路の橋《くめじのはし》』、①一五〇頁）と自ら語っていたように、古きむかしの式内社や名所（歌枕）の地を探し訪ねてみたいというところに初発の動機があり、それは終生変わることがなかった。

しかし、「いにしへ」を知りたいという願望はそうした狭い対象にとどまるものではなく、真澄という個性の未知なるものへの知識欲というのかもしれないが、その土地の人々の暮らしや習俗、物語、考古遺物など広い範囲にわたって、ときに物事のディテールにまで見聞や観察が及んでいった。日々のことを書き連ねていく紀行文体の旅日記という記録の手法が、そうしたさまざまの見聞きしたことや人々の出会いを記録していくのに適しており、旅と学知とが一体化した成功例であった。

真澄は東北（とくに北東北）や道南の旅を続けていくなかで、奥羽民衆やアイヌの人々の言葉や習俗のなかに「いにしへぶり」が色濃く残っていることを発見し確信していくことになる。「いにしへ」への眼差しから何が開けたのか、郷里三河を旅立って以来の真澄の「いにしへ」の発見・探究の旅の行方を、以下、やや具体的に追跡してみようと思う。

2　北東北に残る「いにしへぶり」

菅江真澄がその日記に「いにしへぶり」と書き記した、北東北のあれこれの事例をあげていくことからはじめよう。

東北の地を歩き出してまだ日が浅い、秋田領西馬音内《にしもない》の「まち」（市）での一場面である。ある女が商いの棚の上にあった鮭の頭を盗んで蓑の袖に引き隠したのを、煙草を吸うため家のなかに入ったあるじの女が「すき見」（透見）して見つけ、「どす、ぬす人、ものいだせよ」、「此代の銭いだせ。はたらずともやるべし」などと、罵り、言い争っていた。ふつうなら書きとめるに及ばない斎市での些細なできごとといえよう。その日常性がはからずも、市の売り物、市と女の関わり、女の喫煙、罵りの言葉など、いくつかの見逃せない問題を凝集してみせる結果となっている。

むろん、真澄の興味は二人の女の言い争いにあったのではない。その言い争いのなかに出てくる土地の言葉のなかに、たとえば「はたる」とは「せむる」の意で、「かゝるふるきこと葉の残りたるを、此あらがひに今聞たるもおかし」と感じたからであった（『齶田濃刈寝《あきたのかりね》』天明四年（一七八四）一〇月一三日条、①二一三頁）。ここには引用されていないが、『万葉集』には「檀越《だにをち》や然《しか》もな言ひそ里長《さとをさ》が課役《えつき》徴《はた》らば汝も半《なから》かむ」（巻一六・三八四七、武田祐吉校注『萬葉集』上下、角川文庫による。以下同）という歌があり、

「はたる」と聞いて、そうした歌などを思い浮べたのであったに違いない。

松前にいよいよ渡ろうとする旅で、盛岡領の野辺地《のへじ》から浜伝いに馬門《まかど》の関所に向かって歩いていると、馬門の温泉に行った帰り道の老若の女六、七人が酒にたいそう酔い、足や手で拍子をとって、歌をうたいつぎながらやって来たのに出会った。庶民女性の飲酒の事例としてあげられようが、真澄は女たちの歌や談笑のなかに、「あぐり子よ、にがつれてこ、乳のませんにと」と語られたのを聞き逃さなかった（『委波《いわ》氏酒夜麼《てのやま》』天明八年七月六日条、①四四九頁）。

信濃路などでは女子をたくさん持てば、末の子に「あぐり女郎」「おあぐり」と名づける。そうすると必ず男の子が生まれるのだという。この野辺地辺でも女子がつぎつぎ生まれると飽きたとして「阿栗子」とつけると聞き、真澄はあぐりとは「飽たるこゝろ」あるいは「ものゝ盈る」「あふれたるこゝろ」の意味かと解している。また、「にが」は五十日子《イガコ》のことかとする。そして、女に子文字をつけるならいは、「いしにしへぶり」の残存であるというのであった。

名前の歴史についての研究によれば、平安時代の貴族社会では定子、彰子など子型の女性名が流行した（角田文衛『日本の女性名』上、教育社歴史新書）。真澄はおそらくは貴族社会の女性名が念頭に浮かんでいにしえぶりを思ったのであろう。

また、角田によれば、あぐりの名前は奈良時代の「餘賁《あぐり》」以来、各時代を通して長く使われてきた歴史がある。真澄はここであぐりの古い歴史にまで言及しているわけではないが、あぐりという名前に惹きつけられたようで、その後の日記等にも記している。それらをまとめた『久宝田能おち穂《くぼたのおちぼ》』の「あぐりこといふ名」の項目では、安栗《アグリ》、おあぐり、あぐり子《コ》という娘の名前が、久保田、阿仁、比内、仙北（以上秋田領）、あるいはみちのく南部、津軽、高志《コシ》（越）、美濃、信濃路など広い地域にみられ、秋田領杉ノ宮の元道田稲荷《ケムダウダノイナリ》では安具理子という女狐《ヲミナキツネ》の名前にまでなっていることを紹介する。そして、「女子《ヲムナゴ》あまた産《モテル》人、安具里《アグリ》と末の子女《ムスメ》を名負《ナヅク》れば、こたび生《ウメ》らむ子は、かならず男子《ヲノコゞ》ならむと云《イ》ひならはせり。さりければむかしより此名絶ずぞありける」（⑩三九三頁）と述べ、「むかし」からの名前であると理解していた。ちなみに、女性の民俗研究者能田多代子は、青森県五戸地方の、あぐりこと呼ばれ、祖父母に育てられた女の幸せ薄かった「哀話」を書き記している（『村の女性』、『日本民俗誌集成』２再録）。能田はあぐりの名に「宿命的な」ものを感じたようだ。

津軽滞在中の寛政一〇年（一七九八）五月一〇日、弘前を出て殖田（植田）村に至り、「をたき（愛宕）山」に登った。そのさい、坂の傍らにある橋雲寺を新たに造り替えるといって、山の大杉を伐り倒し、そのうれ葉（末葉、先端の枝葉）を折って、伐った木の根に格別な気持ちで挿しているのをみている（『外浜奇勝（仮題）』後編③一六五〜一六六頁）。

これは、本末を山の神に祭るといって書き記されている「ふるきためし」で（後述の「大殿祭祝詞」をさすか）、『万葉集』に「鳥総たて足柄山に船木きりきにきりよせつあたらふな木を」（「鳥総《とぶさ》立て足柄山に船木《ふなぎ》伐り樹《き》に伐り行きつあたら船材《ふなぎ》を」、巻三・三九一）と詠む「ふるごと」が杣人、山賤らの家々にそれぞれに伝わってきているのだといい、実際に見たのは今が初めてであると感慨深げであった。伐り株に杉の枝先を挿した図も描いている（③図版三一一）。「鳥総たて」というのは、「樹を伐った跡にその樹枝を立てて山神を祭る」ことである（『萬葉集』上一一八頁、脚注）。

これ以前にも真澄は南部の田名部で、寛政六年（一七九四）一二月一二日の大山祇の神祭りで、「山子」と呼ぶ杣山賤が集まって「鳥総たて」のわざをしていることを記しているし（『淤遇濃冬隠《おくのふゆごもり》』②四七七頁）、秋田に入ってからも、文化二年（一八〇五）八月一〇日、森吉山に登ったときのことであるが、うれ葉の末を挿したのが、朽ちた株《クヒゼ》に生い立ち年経て枝が垂れているのを目撃している。「いにしへ」の人はこのようなことを思い願って「鳥総《トフサ》立て」ということをしたのだと考え、「伐操氏木末乎波山神爾祭」という大殿祭祝詞（『延喜式』）の言葉の意味について納得の様子であった（『美香弊《みかべ》の誉路臂《よろい》』④五四頁）。図絵（④図版六二一）にはその根づいた小杉が描かれ、「推古御代」にはこのような祭りがもっぱら行われていたと添え書きしている。

文化一一年八月一九日の『駒形日記』にも、雄勝郡檜山台の駒形山麓を歩いたときのこと、山坂を登って休むと、朽木あるいは木の根などに山の神への手酬、または山の神の花立といって木の小枝が折って挿してあり、「ふること」と記している。小坂の上や、山の峠で花立てをするものという（⑤二五頁）。

享和元年（一八〇一）一一月四日、真澄は深浦を立ち秋田に向かうが、翌日、岩崎から浜中を過ぎていくと、屋根の棟を塊《くれ》で覆い、その上に木を交叉させたのを置いてあった。また、この家の門として二柱の神門《トリヰ》のようなものを黒木で作って立て、しりくべ（注連）縄を張りめぐらしていた。そうしたありさまは、さながら神殿のようで、「遠きいにしへぶり」をみるに足ると、真澄は感じ取っている（『雪《ゆき》の道奥雪《みちおくゆき》の出《いで》羽路《わじ》』③二九八頁）。木を交叉させたのが社殿の千木のようにみえたのだろう。

全集の編者注に、入口の柱に注連を張る習俗は秋田県平鹿地方、佐渡、房総半島、高知山中にあり、『一遍聖絵』や『法然上人絵伝』などにもみえ、「古い風習」であると説明している（③三一八頁）。『絵巻物による日本常民生活絵引』の作成に中心的に携わった宮本常一だからこそ書けた注である。

真澄は入口の棟を塊で覆うのは、外が浜（青森辺）の漁師の家がしている牛鞍というのと同じであるとも記す。『栖家能山《すみかのやま》』には、津軽ではどこでも屋根の棟の「ぐし」に「くれ」といって土塊を置き、芝草をはやすのが「ならわし」であると聞き書きしていた（寛政八年五月一二日条、③一〇九頁）。民家研究の草野和夫によれば、岩手県中央以北（盛岡領）や秋田県地方などでは、普通の農民層住居における萱葺き屋根の棟押えは、一般に芝棟（「くれぐし」・土棟）であったという（『近世民家の成立過程』一一四頁、中央公論美術出版）。

秋田領の沖村に沢井重助という「旧家《フリシ》」をみようと、真澄が訪ねたことがあった（『簷迺金棣棠《のきのやまぶき》』文化八年五月、④二七〇頁）。大同（八〇六〜八一〇）の「むかし」に建てられたもっとも古い家であるが、暮らしに困って家を壊して売り、今はわずかに残る落ち窪んだ一間に住んでいた。国の守佐竹義隆が来たときのことや、加賀から来たという上祖の「むかしものがたり」、そして、いつの代であったか、八幡神を守り奉った法師すがたの都人が沢井の家に休んだときの物語を聞く。その「いにしへのためし」にならって、二月九日の八幡神の祭りに獅子頭を舞わせてこの家に中宿するときには、白粥に萱の折箸を供えるのだという。

重助の家を描いた図絵（④図版九三二）のほうには大同より前の天応（七八一〜七八二）、延暦（七八二〜八〇六）頃に建て、大同の年に八幡神の形代や獅子頭を携えてきてこの家に休んだとし、本文とはやや違った説明書きになっている。こぼち果てて形ばかりの住まいにその「いにしへ」を偲ぶに足ると、真澄は受けとめている。近くの竜毛の竹内八兵衛の家も造り替えているが、昔は栄えた家で、大同元年に船橋村の又兵衛の家から婿が来て七七で死んだと過去帳に記してあるのだとも聞いている（同前④二七〇〜

二七一頁)。
大同の家というのは草分け百姓による村の開発の古さを自己主張する語りである。沢井の上祖という沢井兵太夫、沢井外記の名前からしても、古代に遡るようなものではないが、沢井のわずかに残る建物は、その家や地域にとって古めかしさを物語るに必要な証拠なのであった。真澄の日記などにもたびたび出てくるように、大同の歴史を語る蝦夷征伐伝承や寺社の縁起は東北地方には多かった。

大滝温泉にしばらく滞在していた真澄は、人が旅立つというのでその妻らしい人が、泉のもとで玉石を二つ洗っていたのをみている(『秀酒企《すすき》の温濤《いでゆ》』享和三年〈一八〇三〉四月五日条、③三八四頁)。朝ごとに水で濯ぎ、草鞋の鼻を上に向け、そこに二つの石を載せる。夕方になれば同じ石を塩ですりみがいて、これを休ませるといって棚にならべて神酒を供える。そうした日毎の作法であった。旅人が帰途につくと思われたなら、草鞋のくびす(踵)をあちらに向けて石を置くのだという。この「ふるきためし」に、『万葉集』の「爾《ニ》波《ハ》奈《ナ》加《カ》能《ノ》阿《ア》須《ス》波《ハ》乃《ノ》加《カ》美《ミ》爾《ニ》古《コ》志《シ》波《ハ》佐《サ》之《シ》」(巻二〇・四三五〇、「庭中《にはなか》の阿須波《あすは》の神に木柴《こしば》さし吾《あれ》は斎《いは》はむ帰り来《く》までに」、阿須波の神は屋敷の土地の神霊、『萬葉集』下二六四頁脚注)の歌のこころを感じ取り、「いにしへのてぶり」が偲ばれたのであった。

真澄はこの習俗をところどころに記したとあるように、『雪《ゆき》の道奥雪《みちおくゆき》の出羽路《いでわじ》』享和元年一一月四日条(弘前領・深浦、③二九七頁)や、『雄鹿《おが》の春風《はるかぜ》』文化七年(一八一〇)三月二一日条(秋田領・鵜川、④二〇二頁)にもみられる。多少の作法の違いがあり、前者では旅人の「はぎのつよからん事をいのる」ならわしといい、後者では「庭中の阿須波の神に、小柴さし斎ひ祭りしいにしへぶりのたぐひ」で、家の主人が伊勢参りしている「しるし」であった。伊勢参りの流行が北東北に及んでくるのは御師の活動とも関わるが、江戸時代の一七世紀後半以降のことであり、そうした習俗も実際には古くないのかもしれない。

秋田領阿仁の狭股（様田）での「かひほかひ」の業《ワザ》も「もともふるきためし」という（『美香弊《みかべ》の誉路臂《よろい》』文化二年八月八日条、④五三頁）。また、『牡鹿《おが》の寒《さむ》かぜ』文化七年八月二五日条に、男鹿の島田に泊まったとき、烹粢《ニシトギ》（団子）とともに、濁酒を提《ひさげ》に注ぎ入れてそれに稲穂を浸した穂酒というものを神に供えているのを見て、「いにしへぶりもめずらし」と記し、それを絵にも描いている（④二五三頁、④図版九一七）。これは右の阿仁の山里の穂祭《カヒホカヒ》に等しいという。しかし、真澄はどのような根拠で「いにしへぶり」としているのかは示していない。

3　アイヌ文化のなかの「いにしへぶり」

真澄が「いにしへぶり」を感じたのは北東北の人々の言葉や民俗だけではなかった。当時蝦夷地と呼ばれた北海道のアイヌの生活文化、習俗にも感じ取っていた。とりわけ寛政四年（一七九二）の恵山、内浦湾沿いの旅はアイヌの人々と身近に接する機会となり、その日記を『蝦夷迺天布利《えぞのてぶり》』と名づけている。「てぶり（手風・手振）」はならわし、風俗という意味で、『万葉集』に詠まれている言葉である（「天《あま》ざかる鄙に五年住ひつつ京《みやこ》の風俗《てぶり》忘らえにけり」五巻・八八〇）。

事例をあげてみよう。蝦夷舟を漕ぐいわゆる車櫂《くるまがい》を「カンヂ」と呼ぶ「いにしへぶり」が「夷の国」に残っている（トコロ、五月二九日条、②一〇六頁）。ケマウシシントコという「ほかひ（外器）」は「酒《サカ》祭《ホカヒ》」する道具で、「いにしへの手ぶり」の残存が知られる（シラリカ、六月三日条、②一一五頁）。サントミ（軍陣）やシヤラカムヰ（諍論）のときこもるチヤシは「いにしへ」の稲置や水城のようなものである（シラリカ、六月四日条、②一一六〜一一七頁）。婦女《メノコ》が頸《リクチ》にリクトンベといって種々の玉を貫いたのをまとっているのは、「遠き神代」にいう頸《クビ》に掛けた玉のようなものであろう（ホロナイ、六月四日条、②一一八頁）。ものの尺《タケ》（長さ）を自分の両手を伸ばして測るのは「いにしへ」の「たばかり」というわざが今に残っているものである（ウス・アブタ辺、六月一〇日条、③一三八頁）。およそそのような事どもであった。稲置、水城、あるいは頸にかけた玉などの知識はむろん『日本書紀』に拠っている。

『かたゐ袋』（寛政元年〈一七八九〉春二月の序文）の後篇はアイヌの生活習俗についての見聞記事を中心に集めた随筆である。そこにもアイヌは文字がないが、縄を結び、木を刻み、自分のしるしとしているのは「いにしへ」を偲ぶに足る（⑩四七七頁）と記されていた。『蝦夷廼天布利』の旅以前にアイヌの民族文化のなかに「いにしへぶり」を感じ、読み取ろうとする態度がすでにあったことを示している。「いにしへぶり」の発見を通して、アイヌ文化理解が可能となり、しかも北東北の民衆と道南のアイヌの人々の生活文化が決して断絶していない、連続性において認識されることになったといえよう。

アイヌ文化体験がその後の北東北に戻ってからの真澄のまなざしに大きな影響を与えたのはいうまでもない。北東北にはナイなどのアイヌ語地名が残存している。秋田のマタギが使う山言葉のなかにアイヌ語と同じ言葉がある。幸《さい》の神の祝い棒（ほうたき棒）などアイヌのイナウに異ならない形状のものがある。アイヌの蝦夷舟と同じく車櫂のついた舟が使われている。こういったあれこれの共通性を見出すことになったからである。津軽半島や下北半島には真澄の時代でも、同化が進んでいるが自他とも認めるアイヌの子孫が実在し、また「蝦夷」にまつわる伝承が北東北には色濃く残存していた。右の共通ないし類似の習俗はそうしたアイヌ・蝦夷のものというより、自分たちはアイヌ・蝦夷とは違うと思っている土地の人々（和人）の暮らしのなかに確認されたところが重要な観察となっている。

4　考古遺物への関心

真澄の「いにしへぶり」の関心は考古遺物にも向けられた。現在、青森市の三内丸山遺跡は縄文時代の長く存続した大規模遺跡として知られる。真澄がこの三内村を訪ねたとき古堰の崩れたところから掘り出したという、縄形、布形の古い瓦や、甕の破れたような、今の知識でいうところの縄文土器をみせてもらっている。そのなかには人の頭、仮面の形をしたもの（土偶）や、頸鎧《ミカヘノヨロヒ》（甕甲）に似たものもあって、垂仁帝の代に、君が死んだとき生ける身の代りにつくらせた埴輪《ハニワ》・立物《たてもの》の類ではないかと、真澄は思うのであった（『栖家能山』寛政八年〈一七九六〉四月一四日条、③九三頁）。

それらを描いた図絵の説明にはまた、活目入彦《いくめいりびこ》五十《い》狭茅尊《さちの》（垂仁天皇）の代、野見宿禰が土偶人《ツチヒトガタ》を作って殉死に代えてこれを埋め、その功により土部《ハニベ》（土師《はじ》）の姓を賜ったと記している（③図版一二二）。こうした推測のもとにあるのは、『日本書紀』垂仁天皇三二年条にみえる天皇の皇后が死んださいに、野見宿禰が献策して殉死の代りに形象埴輪を作り陵墓に立てたという埴輪起源説話であろう（日本古典文学大系『日本書紀』上二七二〜二七四頁、岩波書店、以下同）。『美香弊の誉路臂』文化二年（一八〇五）八月一一日条（④五七頁）でも、秋田領阿仁の戸鳥内《トトリナイ》で、粟・稗・稷《きび》を作るため山畑を拓くと、人の面のような陶を掘り出すと聞き、三内と同じく「いにしへ」の垂仁の時代に始まった埴輪・立物であろうかとの考えを述べている。

他にも『外浜奇勝（仮題）』寛政八年（一七九六）七月二日条に、津軽の亀ヶ岡を訪ねたとき、この辺りの土を掘れば瓶子、小甕、小壺、天の手抉《タクヂリ》、祝瓶《イワヒベ》のような「いにしへ」の陶の形をした器が出てくるとし（③一四六頁）、『追柯呂能通度《つがろのつと》』にも黒石近くの花枚（花巻）の小森・山畑より三内と同じようなものを掘り出したといって知人が送ってきたので、そのスケッチを描くとともに、亀ヶ岡の右の土器について同様の記述をしている（③二六〇頁、④図版四〇五～四〇七）。ちなみに「天手抉《あめのたくじり》」というのは『日本書紀』神武天皇即位前紀戊午年九月に出典があり、「丸めた土の真中を指先で、穴をあけるように窪めて造る土器」のことである（『日本書紀』上二〇一頁）。祝瓶（忌瓮）も同書の崇神一〇年九月条にみえ、神祭りの甕で、その下部を埋めて地上に据え、軍の首途を祝うのであるという（同前二四四～二四五頁）。

真澄にはこのように『日本書紀』の記述を根拠にしてアイヌ文化や考古遺物に「いにしへ」を思い解釈していたが、当然の勢いとして『日本書紀』に記載される北日本の「蝦夷」の地がどこなのかにも関心が向けられる。

早くは天明五年（一七八五）八月二三日条に、松前渡海をひとまず諦めた真澄が秋田領大館で、近くの綴子村《つづれこ》は「いにしへ」には「し丶いれこ」と呼んだところかとし、肉入籠《シシイリコ》が出てくる『日本書紀』の斉明帝五年三月の阿陪臣（阿倍比羅夫）を遣わして蝦夷を討ったとする箇所を引用する。「あいたの蝦夷、にぬしろの蝦夷」といって、陸奥・出羽に「ゑみし」が住んでいたのだろうと想像している（『楚堵賀浜風』①二九一頁）。その後も長年思い続けた箇所であった。松前滞在時には、『えみしのさえき』寛政元年（一七八九）六月六日条に、松前の木古内《きこない》の地名について「いにしへ」は「柵養の蝦夷」と聞こえたところかと推測する（②六五頁）。『蝦夷迺天布利』寛政四年六月一〇日条では、有珠山に登りシリベツの岳《ノボリ》を遠望したが、その山を後方羊蹄山《シリベツ・シリベシ》ともいうとし、右の斉明五年の記事に出てくるシリベシ（後方羊蹄）の場所について、『楚堵賀浜風』でも記していたことだが、津軽の岩木山（旧名あそべの森）とも外が浜の後方《ウシロガタ》村とも語られているとしている（②一三五～一三六頁）。北東北に戻ってからも、日記に『日本書紀』の右の箇所や、斉明二年四月の阿倍臣が蝦夷を討ったという箇所を念頭に置いて述べている（『雪の道奥雪の出羽路』享和元年〈一八〇一〉一一月七日条、能代、③三〇五～三〇六頁。『雄賀良能多奇《おがらのたき》』文化四年〈一八〇七〉五月二七日、綴子、④一三二頁）。肉入籠がなまって綴子と書くようになったというのが、真澄の理解であった。

文政三年（一八二〇）頃にまとめられた『新古祝甕品類之図《しんこいわいべひんるいのかた》』は秋田領を中心に出土した甕類を三七枚の図絵とし説明文を加えたものである。日記では出土遺物が誰の手になるものかはっきりと書かれていなかったが、北比内の橋桁村から掘り得た甕は蝦夷国《エゾチ》の禰母呂《ネモロ》（根室）で出土したとしてある人がもってきたものと形《カタ》が同じで、これも「いにしへ」蝦夷が作った陶《もの》かと推測している（⑨図版三二五）。また、津軽亀ヶ岡の小瓶について俚人《トコロビト》は高麗人《コマウド》が来て作ったとするが、蝦夷洲《エゾチ》で出土した陶《モノ》に似ていると判断し（⑨図版三二二）、十二所近くの別所村の畠から出土したもの（⑨図版三三〇）や、南部一戸の山から出土したもの（⑨図版三三一）などについても、蝦夷人が作ったのではないかとしている。真澄はこのような「いにしへ」の考古遺物を通しても北東北と蝦夷地とがつながり、蝦夷人の関与を認めていたことになる。

5　真澄と宣長

日記を中心に、真澄が北東北の民衆や北海道のアイヌの人々の生活文化や習俗に、あるいは考古遺物のなかに、主として『万葉集』や『日本書紀』に詠まれ記された「いにしへ」を見出して偲び、探究してきたかやや詳しく述べてきた。真澄が「いにしへぶり」とはっきり書いたのはそれほど多くはないが、そうではなくても大同という年号、蝦夷や鬼にまつわる伝承、さまざまな史跡・旧跡、いくつかの説のある歌枕の場所、古き寺社や僧についての伝説など、「いにしへ」や「むかし」への言及は尽きなかった。そうした関心や考証は晩年になるにしたがってさらに強まっていったように思われる。それは秋田領に腰を据えて活動するようになり、『万葉集』や『日本書紀』にとどまらず、秋田の藩校明徳館の蔵書や知人からの借用による文献を広く読めるようになり（真澄が引用した書目については、磯沼重治「菅江真澄の随筆における執筆姿勢―『筆のまにまに』を中心に」参照、『真澄研究』創刊号、秋田県立博物館菅江真澄資料センター）、旅によって得た見聞知識を文献・書物の語りのなかに位置づけることが可能になったからである。

晩年の真澄は秋田領の地誌や随筆に力を注ぐようになる。真澄の初めての本格的な随筆は『しのゝはぐさ』で、内田武志の解題によると、文化八年（一八一一）以後にまとめられたもののようで、本居宣長の随筆『玉勝間』に触発されてなったと指摘されている（⑩五二五～五三三頁）。実際、「なでむのさくら」「むろの木」「菅大臣ノ像《ミガタ》」の項目では『玉勝間』からの引用がみられ、執筆形式などからも内田の推測はあたっていよう。

真澄との関わりで『玉勝間』の言説のなかでとりわけ重要なのは「ゐなかにいにしへの雅言《ミヤビゴト》ののこれる事」（七の巻）、「ゐなかに古《へ》のわざののこれる事」（八の巻）という主張である。真澄がこの文を引用したのは、前記磯沼の論文が指摘するように『久宝田能《くぼたの》おち穂《ぼ》』（文政五年〈一八二二〉秋）の「いぼむしまひ」の項目である。久保田城下の曼荼羅小路を通ったさい「いぼさしまひ」を見たといい、いぼさし（カマキリ）やその舞いの考証を『倭訓栞』『新猿楽ノ記』などを引用して、いぼ虫舞は「いとふるきもの」と考証したが、「此事、『玉勝間』もすでに云《イ》へり。古き事は、田舎にぞ多かる」（⑩三九七〜三九八頁）と記していた。真澄が長年にわたって北東北・道南の旅で求めてきたものがその短い言葉のなかに凝集され、宣長の言説によって裏づけられたとの確信めいたものが伝わってこよう。

『布伝能麻迩万珥《ふでのまにまに》』全九巻は真澄が最も力を入れた随筆の大作である。文化八年秋から文政七年にかけて執筆された。このなかでも、「遠き山里なンどに古キみやびごとも残りけるものか」（「みさきがらす、たがらす」⑩六四頁）、「なめて片田舎にはふるき事いと多し」（「名字といふ事」⑩一〇八頁）、と同じことを繰り返している。そして、具体的にあげるのは省くが、「その世の蝦夷言《エゾコト》の残りたる」（⑩一八頁）、「古言也」（⑩二二頁）、「いにしへを見るに足れり」（⑩三七頁）、「いとふるくゆゑよしある処也」（⑩六五頁）、「古風の残しもゆかし」（⑩六七頁）、「いにしへざまのものなり」（⑩七八頁）などと、次から次へと北東北を中心とした言葉・習俗のなかに「いにしへ」の事どもが旅の知見と文献考証から明らかにされていくのである。田舎・片田舎という言葉も宣長からの影響かと思われるが、田舎・地方に残る「いにしへ」を示してみるのがこの随筆の主眼であったかのようである。

この『布伝能麻迩万珥』には『玉勝間』のほかに、第一巻冒頭の「久保田迦麻久良祭《クボタノカマクラマツリ》」を始めとして宣長の『古事記伝』からの引用も少なくない。真澄は宣長の学問に、ある側面において傾倒し、積極的に学びとろうとしていたことは確かなことといわねばならない。宣長は『玉勝間』に田舎には「ふるくおもしろきこと」が多いとして、「すべてかゝるたぐひの事共をも、国々のやうを、海づら山がくれの里々まで、あまねく尋ね、聞あつめて、物にもしるしおかまほしきわざ也」（『本居宣長全集』第一巻二三五頁、筑摩書房）と述べていたが、それを実践することはなかった。いわばその実践者としての自負が真澄をして随筆を書かしめ、宣長にできなかったことをやり遂げようとの思いがあったのであろう。

しかしながら、真澄と宣長は相当に違っていたことも明らかである。宣長の古道説や皇国イデオロギーにどれほどの影響を受け共鳴しえたかの否か、真澄の『玉勝間』『古事記伝』からの引用のしかたなどを手掛かりに、何を得ようとし、何に無頓着であったのか、吟味しなくてはならないことである。真澄を国学者とみることに否定的な見解、それは真澄が国学の思想を体系だてて語っていないということと、真澄を皇国主義的なものとは別な文脈に位置づけたいとする理解があるように思うが、その点と密接に関わっている。

ここでは両者の蝦夷観の相違だけを指摘しておくにとどめよう。真澄は「いにしへぶり」を媒介にしながら、アイヌの民族文化のなかにもその要素を積極的に認め、評価していくのであったが、宣長はその道を最初から閉ざしていた。

儒学者市川多門から宣長が理想とする上代の「御国」のすがたは「蝦夷のありさま」のようなものではないかと批判され、これに対して「先皇の御代」を「夷島」に比して「鳥獣」に等しいというのは甚だしい邪説であって、「蝦夷」はもともと「御国人」とは種類の異なる物であると反駁していた（『くず花』、『本居宣長全集』第八巻一三六頁）。このように「蝦夷」が位置づけられると、アイヌの人々へのまなざしの回路が遮断され、異文化理解が不可能になってしまう。この点については、別稿で多少論じてみたので参照していただければありがたい（「「華夷」思想を越える―桂島・谷本論文に寄せて―」『新しい歴史学のために』二七八号、その後拙著『アイヌと松前の政治文化論―境界と民族』再録、校倉書房、二〇一三年）。

『真澄学』第一号の巻頭で、赤坂憲雄は真澄のテクストを「ボカシの地帯」としての東北を掘り起こすための一級史料であるとし、「北の文化」と「南の文化」とが重層化している東北の「発見」を起点としながら、「いくつもの日本」を構想し、アジアに開いていく構想を語っていた（「はじまりの真澄学のために」）。『真澄学』にふさわしい指針であった。

本稿では真澄の「いにしへぶり」をキイワードとしてその探究に寄り添ってきた。北東北の生活文化にはさまざまな「いにしへ」の残存が見出され、そのなかには蝦夷・アイヌへつながるものがあり、蝦夷・アイヌのなかにも「いにしへぶり」が確認されていた。その場合の「いにしへぶり」とは真澄にとって『万葉集』や『日本書紀』に拠り所のある古代日本の「いにしへ」であった。「いにしへ」への照射によって北東北のなかの蝦夷・アイヌ的要素が息づいていたことが確かに発見されたが、真澄のなかから「北の文化」と「南の文化」がぶつかりながら織りなしてきた北東北の歴史が紡がれてくるわけではない。そうした歴史を具体的に再構成していくのが私たちの課題である。

もちろん、「いにしへ」を知るという真澄の眼差しをはずして、あるいは気にもかけないで、真澄が豊かに記録してくれた数々の素材を読み解くことはいくらでも可能ではある。私自身も含めてそうした作業をずいぶんとしてきた。しかし、真澄の知の枠組み、知の作法がどんなものだったのか、あらためてそれを問い直すという作業ぬきには、『真澄学』のさらなる発展はむずかしいのではなかろうか。

第四章　クニコトバの生活世界

1　言葉の違いを意識する

三河の故郷を出て信濃・越後路を北に向かって歩いてきた菅江真澄は、天明四年（一七八四）九月一〇日出羽国田川郡鼠ケ関《ねずがせき》に入り、初めて奥羽の地を踏んだ。その庄内で最初に気づいたのは、土地の人が言葉の尻に、「なにさ、かさ」と「さもじ」をつけて話すことであった（『齶田濃刈寝《あきたのかりね》』①一九〇頁）。

この「さもじ」については、庄内藩士堀季雄《ときかつ》が明和四年（一七六七）に著した『浜荻』に、江戸詞との比較で、「庄内詞の中殊に聞にくきは、あそこへこゝへとい事をあそこさこゝさといふさもじ也」と記していたように（三矢重松《みつやしげまつ》『荘内語及語釈』刀江書院、一九三〇年）、庄内人も違いを意識していた言葉である。真澄の場合には離れた二地間ではなく、続き地で国境を越えたさいの話し言葉の変化を聞き逃さず、それを日記に書きとめていたことになる。

『齶田濃刈寝』は土地の言葉をよく拾い、その意味を記している。その一端を示せば、「やまぢとは、北より吹来る風をいへり」（①一九一頁）、「あきあぢ〔秋味也、鮭の塩引をいふ〕」（①一九五頁）、「わかぜ〔わかき男わかぜといひ、わかき女をめらしといへり〕」（①一九八頁）、「ぼうとは、ゑやみなどをいへり」

（①一九九頁）、「けふはこゝのまちなり〔市たつことを町とはいふ也〕」（①二一三頁）などとある。続く秋田領雄勝郡を訪ねた『小野のふるさと』でも、「塘《つつみ》に萌るばかい〔蕗子をいへり〕」（①二四二頁）、「だを鳥〔鴇《とき》をいへり〕」（①二四五頁）、「にしんは松前の島なる二月の頃とるいを、数の子のおやなり」（①二四六頁）、「た（田）かへす女を、させ〔馬の口とる女なり〕といひ」（①二四七頁）、「あなる女を見よ、かうのけもなし〔まゆげを顔の毛、又かうの毛といふ〕」（①二四九頁）、「もや〔霧霞のたぐひをもやといへり〕」（①二五二頁）、「女のわらは、とゞこ〔蛾をいふ〕の、はや一重ぬいだりなどいひもて、桑つみありきぬ」（①二六一頁）などと記している。

こうした言葉への関心、執着はその後の日記でも一貫して変わらない。松前に渡ると、アイヌの人々に対してもその言葉を通して民族文化を知ろうと同様の態度を示した。むろん、真澄は言葉だけでなく、風俗や慣習や生業など生活文化に広く目を向け、土地の人の語りに耳を傾けていたのであるが、土地の人々が話す生きた言葉のなかにものごとの真実ないし本質のようなものが備わっていると考えていたように思われる。

土地の話し言葉の記録は国語学、方言学の資料であるのはいうまでもなかろうが、近世という時代の奥羽地方の民衆、あるいは蝦夷地のアイヌの歴史・文化・民俗の世界に入っていく取っ掛かりになる。そうした言葉を入口にして、真澄のみならず同時代文献あるいは民俗誌などから用例・事例を集め、その読み込みから北日本の生活文化の種々相に迫っていくことができ、それによって気づいていなかったことの新たな発見ともなっていくのである（私自身の試みとしては、『真澄学』一～六号連載「菅江真澄から近世史をさぐる」東北芸術工科大学東北文化研究センター、二〇〇四～一一年。『菅江真澄が見たアイヌ文化』御茶の水書房、二〇一〇年、など）。

そこで、真澄が言葉というものについて、とりわけ奥羽の人々の言葉についてどのような関心をもって捉えようとしていたのか、検討してみよう。ここでは日記・地誌など真澄の著作全部を扱う余裕がないので、真澄の旅の見聞および文献知識の集積・集成とでもいいうる『布伝能麻迩万珥《ふでのまにまに》（筆随意）』（『菅江真澄全集』第一〇巻）という随筆によって確認していくこととしたい。

2　出羽陸奥の方言（クニコトバ）

まず、真澄は「方言」という範疇で、頻繁にその土地その土地で出会った人々の話し言葉を捉えている。方言の語は各地方の言葉、あるいはその地方の特徴ある言葉として漢語に由来し、日本でも古くから使われてきたので決して目新しい言葉ではないが、方言を方言として意識し論じようというところが真澄を含むこの時代の知的傾向を示しているだろう。真澄はよく漢字・漢語を訓じて振り仮名（カタカナ）をつけていた。それは「方言」でも例外ではない。

・出羽陸奥ノ方言《クニコトバ》ねもごろに仕《ス》る事を諸手《マデ》とはいふ也（「までのしらいを」⑩一五頁）

・童の戯れ遊ぶ処へ、またこと童を人の連れ来て此童《コ》も交《カテ》よといふ。またかたるとて夫婦《メヲト》なる事をもいへり。いではみちのくのふりもみなしかり。…前にも云ひしごと方言《クニコトバ》に、かたつていッた、かたつてゆくてふ事を…（「うつくしづま」⑩八三頁）

このように「クニコトバ」と読むのが真澄にとって基本であっただろうか。ここにいうクニとは出羽・陸奥といった古代律令制に成立した地方行政単位を指しているのは紛れもない。

クニコトバとわざわざいわなくても、「また艸にこがね萱《ガヤ》とて荻に似たるかやあり。こは出羽みちのくにのみいふ方言《コトハ》にて」（「みちのくやま」⑩四四頁）、「いではみちのくにて、妻《ツマ》の夫《オトコ》よりとし高きを、へらましといふ。…その戸主《トジ》を、家ぬしとて先ッ飯匙《ヘラ》をみつから取るものなれば、妻《ツマ》を篦《ヘラ》てふ方言《コトバ》あり。さりければとしましなる婦《ツマ》を、人みなへらましといへり」（「へらまし」⑩一〇九頁）、「秋田方言《コトバ》にや。常陸方言《コトバ》にや、鶫《ツクミ》をちやうまといへり」（「つぐみ、むくどり」⑩二二七頁）、「越後にてはかつほ、陸奥出羽にてはがつきといふ。おなじ国にても方言《コトバ》おなじからぬ也」（「こもうちは、がまうちは」⑩二三八頁）などと、単にコトバと振ったさいも、出羽みちのく、秋田・常陸、越後・陸奥出羽とあるように、クニコトバと同じ意味で使っていることがわかる。

そのさい、真澄にあっては「出羽陸奥」と出羽・陸奥の両国をひとまとまりの地域としてみることが多かった。いわば奥羽という地域概念にあたるが、奥羽といっても、現在の福島県には足を踏み入れず、おもに北奥羽三県を歩いた人であるから、方言区画論では北奥羽方言として括られる地域なので、出羽陸奥と一体的に捉えやすかった側面もあろう。

ただ、奥羽といっても広いので、地域を限定するときは、大名領国を念頭においた秋田、仙台、南部、津軽、庄内、会津、松前などといった出羽・陸奥の下位の地域呼称を使っていた。秋田方言、南部方言、津軽方言などという捉えかたは今日でも廃れていないが、大名の国替えや領地の変更ということもなく、長く領国が続いてきただけに、藩という縛りが強固に働いてきた地域であった。

真澄の方言は多くはクニや藩を強く意識したものであったが、「海の和泙《ヨクナキ》たる日和を北国の海人《アマ》の方言《アブラ》泙《ナキ》といふ」（「迩波《ニハ》と浦回《ウラハ》と」⑩八三頁）と、地域を漠然と広く指している場合、その逆に「此魚（沙魚《カハハゼ》）は出羽ノ国秋田ノ琴《コト》の海（八竜湖いふ也）にいと多く漁《ト》る魚也。方言《ナヲ》、群聚《グズ》といふ、そは国㯳を訛《ヨコナマリ》となふにや」（「くずばな、くずのうを」⑩二九頁）「恩荷《オカ》の浦人、祖父をぢがねといふは、大刀《タチカタナ》、また鍋釜《ナヘカマ》、鍬鎌にてまれ、いと〳〵ふりて、某《ナニ》にすべくもあらぬを、こと処にては古ル金ネと云ひ、こゝにては地銕《ヂガネ》といふ」（「ぢがねといふ方言《コト》」⑩一九一頁）の例のように、もっと地域を狭く限定して使っている用例もある。

ただ「恩荷《オカ》の浦人」といった場合、男鹿という地域だけでなく「浦人」の話し言葉として意識された、クニコトバとはやや違ったニュアンスがある。そうした類似例としては、「真澄考《オモ》ふに、その仲人木は錦木とも染木《ソメキ》ともいへるより木を彩《イロド》り立しとも説《イヘ》り。…山賤《ヤマカツ》ら方言《ヤマコトバ》ながらそれらに似つかぬみやびごと也」（「にしき木」⑩三八頁）と、方言にヤマコトバと訓じている箇所があげられる。大枠では出羽陸奥の言葉とみているのであるが、猟師や木こりなど山民という特定の身分・職分の言葉として方言を用いているのは明らかである。浦人や山賤の言葉として感覚されるようにクニコトバも一様ではなかったという捉え方になる。

また、どこの地方か明示されていないが、「世に並て疱瘡《モカサ》の流行《ハヤ》れど、そが中に遮《ノカル》る童《モノ》あり。これを田舎人《イナカウド》は袋かづきともはらいへり。いと〳〵ふるくも云ひ伝へ来《コ》し方言《コトハ》にや」（「ふくろかづき」⑩一八二～一八三頁）と書いているのは、方言は都市民ではなく田舎人の言葉であるという一般認識が真澄の方言観のベースにあることを示していよう。さらに「鉑の名、石液《ヤニ》の名、その坑《シキ》、山々にて方言《カハリ》ある事也」（「あかがね」⑩一三三頁）と、鉱山ごとに用語が異なっていることに着目し、方言に振り仮名をつけている箇所もある。

3　蝦夷言葉（アイヌ語）の残存

真澄が北奥羽の言葉について述べた着眼の大事な点の一つは、よく知られているように、土地の呼び名などに「蝦夷言葉」（「蝦夷詞」・「蝦夷語」などとも書く）」の存在を明確に認めて指摘していたことであろう。蝦夷言葉といっても、『みふみのまき（日本書紀）』にみえる渟代、齶田、津軽、恩荷《オガ》、柵養《キカフ》など「蝦夷」に関わる真澄の解釈（「齶田浦神《アイタノウラノカミ》」⑩五一～五二頁）はひとまず除き、真澄が松前・道南の旅で学び得たアイヌ語知識によって説明しているものに限定しておく。秋田領では次のような事例をあげている。

・火奈以《ヒナイ》を比内又樋打《ヒウチ》なンども書しもの見えたり。そは蝦夷語《エゾコトバ》にて比留奈韋《ヒルナヰ》てふ言の転《ウツリ》たるならむ。比流《ヒル》は良ことを云ひ、奈為《ナヰ》とは沢を云ひて、良沢《ヨキサハ》の事也。…また、釈迦内といふも夷言《エソコトバ》の転《ウツ》し。釈迦内といふ名、山沢田畑の字《ナ》にもいと〳〵多し。シヤカナイはもとシヤクナヰなり。シヤクは夏也。ナヰは沢也。（「ひないのせう」⑩一三二頁）

・そをおもへば、迩倍都《ニベツ》も蝦夷辞《エゾコトバ》也。迩《ニ》とは木《キ》を云ひ、倍都《ヘツ》とは川をいふ也。むかし、それらが住居《スミツ》るころも、良材《ヨキミヤキ》どもいや生ひたちし山より流《ナカル》るをもて、木河《ニベツ》とはもはら言始《イヒソメ》し名にこそあらめ。木川《ニベツ》は、蝦夷の常《ツネ》につかふ言葉也。…余《オノ》れ去年《コソ》の秋、大蛇峯《ヲロチヤマ》にのぼりたりしとき、山の磊楽《タヲリ》のやうなる処に、神の鳥居樹《トリヰギ》とて、二本《フタモト》並び生ひ立《タテ》る中を行とて、こは、何の木《キ》ならんと人に問へば、多知良《タッチラ》也といらふ。…蝦夷等《ラ》は、此木《コノキ》を樺《カビ》と云ひ、皮を多都《タツ》と云ひ、皮を剥《ハギ》て笠に作りて、多都笠《タツカサ》といへり。多都は蝦夷詞にして、笠は倭人《シヤモ》言葉也。夷語《エゾコト》、倭言《シヤモコト》、交《マゼ》てもいふ事多し。多知《タチ》、多都《タツ》通ひて、夷《エヅ》が言《コトバ》の余波《ナゴリ》にこそあらめ（「あさひ川」⑩一五〇頁）。
・禁忌辞《ヤマコトバ》…、また狗《イヌ》を世多といふは蝦夷語也（「つゆくまやま」⑩六〇頁）。

地名のヒナイについては、「火内は古蝦夷語《モトエミシコトバ》の良沢《ピルナイ》を急語《ツヾメ》いへる也。比内、小比内なンど処々に在ける名也」（「秋田の賊地」⑩一九六頁）とも述べている。真澄はヒナイをヒルナイと読み取って良き沢と解するが、アイヌ語のピナイ（小川、石川の意）からきた地名のようである（山田秀三『アイヌ語地名の研究』3、草風館、一九八三年）。良き沢ならばピリカナイ（美川、永田方正『初版北海道蝦夷語地名解』草風館、一九八四年）であろうか。シャカナイはシャクナヰであるとすれば、シャクは夏、ナヰは沢という解釈は成り立ちうる。サツナイ、シャクベツは夏、乾く川という意味のアイヌ語地名である。ニベツのニ（木）・ベツ（川）については、山田もニ・ウン・ペッ（木・ある・川）あるいはニ・ペッ（木・川）などかとみている（山田秀三『アイヌ語地名の研究』4、一九八三年）。

地名以外では、樺（真澄によれば、蝦夷はカビ、松前嶋・陸奥国ではカバという）の木をタツチラ（タツチラ）と呼んでいる例をあげ、タツは蝦夷詞なので、タツチラはタツに由来すると解釈する。タツはアイヌ語では樺の木の皮の事である。アイヌ語のセタ（犬）を秋田郡阿仁マタギの禁忌辞《ヤマコトハ》のなかに見出していたのも真澄の着眼のするどさであった。

地名解釈には疑問なものもあるが、とくに地名のなかに色濃く蝦夷言葉、すなわちアイヌ語地名が残っていることを真澄は指摘し、『日本書紀』の蝦夷記載と重ね合わせて、かつて蝦夷（エゾ）が住居していたことを確信したのであった。

それは秋田領にとどまらず、津軽領でも、青森の斯理弊都《シリベツ》は、斯理は埼《サキ》、弊都は河で川埼という蝦夷言葉（「斯理弊都《シリベツ》の名ところ」⑩一八頁）、津軽半島の浦の母衣月《ホロツキ》は、「ほろは、大キなる事」、つき（つつき）は盞《サカツキ》、大盃《オホサカツキ》のことで、沖にある舎利母石《シャリモセキ》と呼ぶ大岩が「ほろつき」かとしている（「あしな沢のほさち」⑩一四七頁）。ホロの解釈は妥当であろうが、ツキについてはよくわかっていないようで、湾がトゥキ（坏、酒椀）のかたちをしているところからきているという考えも示されている（山田前掲書3）。

また、南部領の毛馬内《ケマナイ》も蝦夷話《エゾコトバ》で、祁麻《ケマ》とは足のこと、奈為《ナヰ》は沢《サハ》と解釈している（「あしな沢のほさち」⑩一四六頁）。ナイ地名なのでアイヌ語地名とみてよいが、真澄のようにこのケマがアイヌ語のケマ（足）で、その沢に足の形をした岩でもあるだろうと解せるかは留保が必要だろう。

4 「古言」（ミヤビゴ）の発見

真澄が北奥羽の言葉のなかに発見したもう一つの大きな特徴は、日本の「古言」が残存していたことであった。古言は文字通りには古い言葉のことであるが、「禁忌辞《ヤマコトバ》…、白熊を露祁羅《ツユケラ》といふは古言《ミヤビコ》也」と、ミヤビゴと振り仮名を振った例がある（「つゆくまやま」⑩六〇頁）。また、「同国南部…、衣を衣《ソ》と云ふは古言也。…同シ国田名部《タナブノ》県近キ浦にて、新 袷《アタラシキアワセ》を新袷衣《ニヒシイアセソ》といへり。いと〳〵ふるき美 言《ミヤビゴト》のみぞ残りたる」（「ひめひめごの物語リ」⑩一〇二頁）、「松前にて…、二男娵《ヲトヨメ》をあねこ、…此あねこてふ事は、いと〳〵古キ詞にして、雅 言《ミヤヒコト》…」（「あねことよぶ事」、熱田ノ神社《ミヤシロ》の神禄《ミフミ》に用例あり、⑩一〇六頁）のように、「美 言《ミヤビゴト》」あるいは「雅 言《ミヤヒコト》」と書いて例もあり、いにしえの都ぶりの優雅な言葉がイメージされており、具体的には『万葉集』や『みふみ（日本書紀）』、『古事記』（本居宣長『古事記伝』）、『倭名鈔』などの古典に出てくる言葉であった。

真澄が指摘する「古言」をいくつかあげてみよう。蝶のことを津軽あるいは毛馬内・花輪などでは「てこな」といっているが、てこなは『万葉集』の赤人の歌に人の名前として出てくるもので、蝶の異名てこながが人の名前にも用いられたのだろうと推察している（「てこな」⑩二二頁）。南部領田名部あたりで、「したしみむつびぬるをもはら、たがひにいとこや、いとこよと呼」んでいるのは、戯れのように聞こえるが、『古事記伝』や『万葉集』にみえる「いにしへざまの詞」で、たいそう古く思われると述べる（「いとこや」⑩三〇頁）。出羽陸奥の山家《ヤマザト》の俗《ヒト》、とくに女の辞《コトバ》に、「温泉《イテユ》に至る事を湯川に往」くというが、その湯川は『みふみ』に「ゆかはあみきよまはりて」と用例のある、たいそう「ふるき詞」だという（「ゆかはあみ」⑩六七頁）。津軽・南部などで、「一とせつかふ下習男《ゲズ》を軽子若背《カルコワカゼ》とい」うが、この軽子《カルコ》は「加利古」で『倭名鈔』に出てくるという（「かるこわかぜ」⑩七八頁）。

その他にも、「ゐぐすことは松前詞ならねど南部辺《チ》など処々いふ辞也。いと〳〵古き詞」（「にごりざけ」⑩七九頁）、「俗言《サトビコト》に、えづゐ、えづむ、えづくるしいなンど、もはらいへる、古言の、えくるしゐならむ」（「えづゐ、えづむ」⑩一〇九頁）、「津軽平内《ヒラナイ》の人、元三日《ムツキノハシメ》、…茸萱《フキカヤ》を、秋苅るべき処に、おのれ〳〵がしるしを立る。これを家頭打《ヤカシラウツ》といふ。ふるめかしき詞也」（「やかしらうつ」⑩一一九頁）などと、いくつも「古言」を見出している。こうした真澄の個々の判断にはここでは踏み込まないが、北奥羽方言に奈良時代の古語が残っているふうの方言周圏論的な理解は今日でも広く受け入れられている捉え方であろう。

5　いにしえぶりの風俗

このように言葉のなかに古語が残っているとみるならば、当然、言葉のみならず風俗や生活文化のなかにも、いにしえの風俗が残っていることになる。

・錦木塚は南部鹿角毛馬内に在るがまことに聞ゆれど、いにしへその風俗《フリ》はところぐ\に在りて、みちのくはなべて錦木を立て、いもせむすびのみちやさだめたらんか（「にしき木」⑩三七頁）

・また紺かき、大工《ダイク》は裾くゝりの袴を、出羽陸奥などにてはもはら著けり。片田舎には古風《ムカシ》今に残れり（「こむやのしらはかま」⑩二四二頁）

・南部の恐山などの温泉浴《イル》も男女賤山賤《ヤマカツ》に至るまで、男は半犢鼻《ムソフドシ》といふものむすび、女は湯巻といふものをむすびて、いにしへざま也。こと処に見ざるよき風俗《ナラハシ》也（「ゆぐ、ゆまき」⑩二四二〜二四三頁）

たとえば、このような北奥羽の風俗の類であるが、そこから得られた真澄の結論は「遠き山里なンどに古キみやびごとも残りけるものか」（「みさきがらす、たがらす」⑩六四頁）、「なめて片田舎にはふるき事いと多し」（「名字といふ事」⑩一〇八頁）というものであって、北奥羽の民衆のほほえましいいにしえぶりとして紹介しているのである。

さらにこうした観察眼はアイヌの風俗にも向けられる。「蝦夷人酒飲むに先ッあらゆる神に手祭《タムケ》て後に飲み唄ひのゝしるがいにしへの風俗也」（「左婆《サバ》のはついひ」⑩二五頁）、「蝦夷の高倉《タカグラ》、また熊の子を養ひたつるに木を重ね組みて、…これをせッつといふ。こはいにしへの校屋《アゼヤ》あぜくらの残れるにや」（「えみしのせつ」⑩四二頁）、「加羅不登〔唐太ともいふ渡玉也〕玉は…いにしへをしのぶ」（「あをたまかけご」⑩六四頁）などと、アイヌの民族文化までもが日本のいにしえぶりの射程内に収められる。南の琉球に対しても、「うるま人《ヒト》は歌《ウタ》をもはらよめり。また吾国の古風《フルコト》も多く残りしといへり」（「うるまうた」⑩一〇四〜一〇五頁）と、同様のまなざしを向けるのはごく自然なことであった。

6　北奥羽の地域特性

『布伝能麻迩万珥』は真澄の晩年の著作になる。その長い人生をかけて北奥羽のクニコトバ、クニブリの世界をひたすら尋ね歩き、その地方性豊かな言語生活、習俗文化を理解していくなかで、蝦夷的なものと記紀・万葉のいにしえぶりを探り当て、歴史の古層あるいは文化の基層をあぶりだすことができたという、真澄の自負、達成感のようなものがその考証、行間から伝わってくる。蝦夷文化と日本文化とが混交して織りなす、そのような北奥羽の独特の風土性、地域性が真澄を引きつけて放さなかった理由でもあったのだろう。

それにしても真澄は誰のために書いたのかが気になる。旅に出た頃は、郷里の人たちのために土産として持ち帰るというようなことを日記に記してもいた。もはやそのようなことではなかったのではないか。ましてや中央の歌壇、知識人たちに認められたいという魂胆は微塵も感じられない。真澄の著作の多くは秋田藩の藩校明徳館に献納され、あるいは親しい人たちの手元に残された。歌人・文人としての自らの知的欲求はいわずもがなとして、親しく交わってきた奥羽の人々が自分自身を知ってほしいと考えてのことではなかったろうか。

第五章
真澄の「ひがおもひ」――金花咲く「みちのく山」探索

1　大伴家持の歌

大伴宿禰家持が天平感宝元年（七四九）五月一二日に越中の国守の館で作ったという、『万葉集』巻の十八に載る、「陸奥の国より金《くがね》を出《いだ》せる詔書を賀《ことほ》ぐ歌一首、短歌幷《あは》せたり」がよく知られている。その長歌の中に「鶏《とり》が鳴く東《あづま》の国の陸奥《みちのく》の小田《をだ》なる山に金《くがね》あり」とあり、また反歌三首の一つに「天皇《すめろぎ》の御代栄えむと東なるみちのく山に金花咲く」と詠まれていた。(1)『続日本紀』天平二一年（七四九）二月丁巳条に、陸奥国から初めて黄金を貢《たてまつ》ったという記事がみえ、同じ年の四月甲午条には、陸奥国守百済王《くだらのこにきし》敬福が少田（小田）郡産出の黄金を奏献し、盧舎那仏の造営にとって喜ばしいできごととして、年号を天平感宝と改める聖武天皇の詔が出されたことが記されている。(2)家持の歌はこれを賀して詠んだものであった。また、『延喜式』（延長五年〈九二七〉）の「神名下」に陸奥国一百座（大十五座・小八十五座）のうちとして「小田郡一座小　黄金山神社」が記載され、(3)黄金山神社はいわゆる式内社でもあった。

これらの古歌や古記から、家持の詠み込んだ「みちのく山」は陸奥産金の史実を物語るものとして、陸奥の歌枕（名所）の一つに数えられてきた。佐久間洞巌の『奥羽観蹟聞老志』（享保四年〈一七一九〉

序）巻之一の「奥羽名区異同考」に、『歌枕名寄』『八雲御抄』『類字名所和歌集』『夫木集』『松葉集』から陸奥・出羽両国の歌枕（名所）を拾い出しているが、[4]『類字名所和歌集』を除き、「みちのく山（陸奥山）」が含まれている。また、巻之九「牡鹿郡附小田郡」に「陸奥山《ミチノクヤマ》」を立項し、古は小田郡にあって陸奥山と称したが、今は牡鹿郡に属し金華山と号している、古にいう陸奥山は『延喜式』に載る黄金山神社である、その後に小田郡は牡鹿郡に合わさった、延喜の時に黄金山《コカネヤマ》といってのちに金華山と呼ぶようになった、山頂に天女堂があり、寺号を金華山大金寺という、などと記述し、『万葉集』の家持の歌をはじめ、和歌数首を掲載している。[5]

「みちのく山」＝金華山説は、黄金山神社が所蔵する般若経収納箱の蓋裏に「奥州陸奥山遠嶋沖東海金華山」と、天正一一年（一五八三）に墨書されているように、[6]一六世紀末にはすでに修験者たちによって語られていたといえよう。正徳五年（一七一五）の朱桃著『金華山紀行』には、敬福が黄金を奉り、これを家持が祝して歌を詠んだことから陸奥山とも金花山とも名づけ、小田郡は当時牡鹿郡になり、この山の辺りを「奥の海」といい、山のこがねは「日本最始の大もと」なのでみだりに掘ることが戒められている、などと記され、[7]『奥羽観蹟聞老志』とほとんど変わりない。

仙台領内では洞巌以前に一七世紀来の古記・古歌の考証のなかでほぼ「みちのく山」＝金華山説が固まっており、洞巌の『奥羽観蹟聞老志』によって、学問的なお墨付きが与えられたといってよいだろう。明治二年（一八六九）、神仏分離令により、近世には仙台城下真言宗竜宝寺末寺であった大金寺は黄金山神社と名称を変えた。

菅江真澄は旅の目的を、天明三年（一七八三）三月に三河を出立するにあたって、「このひのもとにありとある、いそのかみふるきかんみやしろををがみめぐり、ぬさたいまつらばや」と、『委寧能中路《いなのなかみち》』の冒頭に書き記していた(①一二頁)。日本の古い神社を巡拝して歩くというものであるが、とくに式内社が念頭にあったようで、式内社に対する畏まった態度を抜きにしては、真澄遊覧記(旅日記)の性格は把握しがたいと思われる。したがって、陸奥国に来たならば小田の山、みちのく山と冠される黄金山神社は当然ながら探し訪ねる場所としてあった。加えて、歌人真澄としては、『万葉集』に詠まれた由緒の地であったから、現地を実際に歩いて歌の意味を確かめたいと考えたに違いない。以下、真澄による黄金山神社、「みちのく山」の探索と考証についてささやかながら検討してみようと思う。

2　金華山説への疑問

真澄が「みちのくやま(陸奥山)」について最初に書き記したのは、松前渡海を断念したあと、津軽路から仙台路に向かう途中の南部鹿角でのことであった。天明五年(一七八五)九月三日、湯浴びした湯瀬の宿を出て歩いてくると、ある人が、過ぎてきた小沢の南にある長牛という山から砂金を掘り出すのは、「みちのく山」はどこであっても、「皇の御代」が栄えるようにと、むかしから「こがね花」が咲いているのであろう、と話してくれた(『けふのせはの、』①三〇六頁)。ここでは、「みちのく山」は陸奥国(奥州)の山という以上に特定の場所を意識して語られてはいない。

仙台領に入ってからは、天明六年正月一〇日、滞在する胆沢郡徳岡の村上良知の家で、山早春という題で、「長閑しなみちのくの山の朝霞こがね花さく春は来にけり」と詠んでいる。陸奥山の地で早春を迎えたという感情が表現されている(『かすむこまかた』①三三〇頁)。同年八月一一日、松島の月をみようと一関を立ち、金沢に出て細い道を歩いてくると、少女たちが「こがね花」をとろうといって女郎花を折っていた。こがね花という呼び名を聞き、「みちのく山いかならんこ丶にしも秋をときとやこかね花咲く」と「みちのく山」を連想している（『はしわのわかば続（仮題）』⑫五四頁）。

その足取りで、八月一七日、塩釜神社の神官藤塚知明《ふじつかともあき》（一七三七～九九、『国書人名辞典』四）の家を訪ねて面会したさいには、金華楼という高殿に登って黄金山を遠望し、「軒ちかくこかねの花をみちのく山のかひある宿のたのしさ」と和歌一首を詠んでいる（『はしわのわかば続（仮題）』⑫六〇頁）。ひとまずは知明の金華山の説明を肯定的に受けとめての歌となっている。翌一八日および仙台城下から戻った二五日にも知明と会っている。未発見の日記（『雪の松島』など）もあるから、むろん断定はできないにしても、これ以外には、「みちのく山」の和歌や記述を仙台領滞在中の日記には書き残していないようである。しかも、真澄が当時「みちのく山」とみなされていた金華山を訪ねた形跡も現存している文章からはうかがわれない。

「みちのく山」が金華山であるという理解は、すでに述べたように、真澄の時代には定説であった。『奥羽観蹟聞老志』以前になるが、松尾芭蕉の『奥の細道』（元禄二年〈一六八九〉の旅）は、「石の巻といふ湊に出。「こがね花咲」とよみて奉たる金花山、海上に見わたし」と記していた。(8) 先行する大淀三千風の『松島眺望集』（天和二年〈一六八二〉刊）が芭蕉の知識のもとになっていたが、(9)『松島眺望集』では、金花山大金寺について慶長元年（一五九六）に再興され、それより昔のことは定かならずと述べ、(10) 金華山＝「みちのく山」であるとはしていない。芭蕉は金華山説を全国的に広めることとなった一人といえよう。『奥の細道』の解説書として知られる蓑笠庵《さりゅう》梨一《りいち》『奥細道菅菰《すがごも》抄』（安永七年〈一七七八〉刊）によれば、「こがね花さく」は万葉の大伴家持の歌であり、金華山には弁才天が安置され、大金寺という寺がある、この山の磯辺に砂金があり、麓の海に生ずる海鼠は砂金の気を受けてみな金色をしており、ゆえに金海鼠《きんこ》と呼ばれ名産である、などと説明されている。(11) 宝暦一二年（一七六二）刊の図画『東国名勝志』では「金花山」周辺の風景を描き、家持の歌と、その由来を簡潔に書き添えているし、(12) 天明九年（一七八九）刊の寿鶴斎撰『東国旅行談』は「陸奥山《みちのくやま》に黄金花《こがねばな》さくと詠じ」たのは金華山のことかといい、「黄金のみならず水晶のあることおびただし」と記している。(13)

真澄と同じく、天明期に奥羽を旅した橘南谿『東遊記』や古川古松軒『東遊雑記』なども、詳しくは省略するが、産金のみちのく山は金華山であるという受けとめには変わりがなかった。ただ、石巻まで来ながら、金花山に至らなかったことを「生涯の残念」と記した古松軒が、両度まで金花山に行ったことのある宿のあるじ中町清兵衛に尋ね聞くと、他国ではこの嶋山には黄金満ち満ち、参詣の山道砂金なりといっているが、これは甚だしい虚説であって、山中には金色の石なしとのことであった。(14) 人口に膾炙する金華山のイメージとはずいぶん乖離していたことになる。

仙台領内にあっては、『奥羽観跡聞老志』以後の地誌類はむろんのこと、仙台藩主伊達吉村が冷泉為綱に願って京都の公家たちに詠んでもらって編んだ正徳二年（一七一二）の『仙台領地名所和歌』でも、その冒頭に、「陸奥山」と題して通躬《みちみ》（中院《なかのいん》）の「うこきなき国のさかえに今もさくこかねのはなをみちのくの山」を置いてあったように、(15) 仙台領の名所和歌の世界ではみちのく山は金華山のことであるとして揺るぎなかった。

大崎八幡宮の祠官大場雄淵（文政一二年〈一八二九〉没）の未刊稿本『奥州名所図会』巻之五は、むろん陸奥山は今の金華山なりとする立場であるが、大金寺の「略縁起」を紹介している。神代の昔、大巳貴命《なむちのみこと》が久《く》延彦の大神《おんかみ》とともに大日本《おおやまと》の国々をつくり、国土《くにつち》をつなぐ杭を造ろうといって、国の辺海の金をあつめ、自ら磐石を煉《ねりかため》てこの島を造った。時に天照太神《あまてるおんかみ》の分魂《わけみたま》富主姫大神《とみぬしひめおんかみ》が水晶石の頂に天降って、後に黄金山《まかねやま》の神社と崇め奉った。本朝においてはじめてこの山より黄金を出したからである。名づけて陸奥山《みちのくやま》と称し、春秋に金《こかね》の花さくが故に金花山《こかねはなさくやま》とも名づける、などとあった。[16] 大金寺の側からも国づくり神話を取り入れて宣伝されていた。

これらの金華山とする当時の通説に真澄は疑問をもったようで、仙台領を出てから書いているところによれば、金花山という島山を指してもっぱら「こがね山」「みちのく山」であると人はいっているが、「鳥が啼東のくにの道奥の小田なる山にこがねありとは」と聞こえ、また「陸奥山」とも詠み（家持の歌）、「小田なる嶋」とも「みちのく嶋」ともみえないと指摘している（『津可呂の奥（仮題）』第二部寛政七年〈一七九五〉一〇月一九日条、③二三頁）。金花山のように沖にある島であるのはおかしいと考えたからであった。

また、それだけではなく、真澄が「みちのく」にいた頃（仙台領滞在時を指すか）、年老いた金掘らに問うと、今も昔も金花山は黄金のあるところではない、むかし、公の仰せによって人がたくさん渡ってその島を見巡り帰ったさいに、素人《ヒト》が光る砂石《マサコ》をかねありといったことから、いつからか金花山と呼ばれるようになったのだろう、との答えであったという（『布伝能麻迩万珥』二巻の「みちのくやま」の項、文政六年〈一八二三〉、⑩四四～四八頁）。山歩きを厭わず鉱石知識にも詳しい真澄であったから、経験豊富な金掘の物語から、「みちのく山」は金花山にあらずと考え、それならば「みちのく山」とはどこの山なのか、以来みちのくの国中をあれこれと分け巡り、思いを膨らませてきたのだという。

ところで、真澄が訪ねて会ったことのある塩釜神社の藤塚知明はその著『坪碑考証』の「附録」で、秀雄なる者の「陸奥山」についての「新説」を「牽強付会」であると批判している。[17]『坪碑考証』は多賀城碑について古記を引用しながら考証したもので、本文の「坪碑史証考」の前後に、天明三年（一七八三）

の「題言」「題壺碑考首」、天明改元（元年）の「坪碑帖序」（自序）、天明二年の「坪碑考証序」、碑文、癸卯（天明三年）の「書坪碑考証後」などが付けられている。『多賀城市史』6（文字史料）にはその主要部分が抄録され、その解題に天明三年の刊としている。[18]

「附録」は本文のすぐ後に続き、知明が著わした「坪碑考（坪碑ノ考証）」を読んで、その塩釜神社＝一宮説や、坪碑＝多賀城碑説などに異を唱える「客」に対する反駁として書かれたものである。秀雄なる者の新説は、南部領の者かと思われる「客」が郷里の「一老儒」の説として語った、知明の坪碑＝多賀城碑説を否定し南部七戸にありとする説への反駁の後に出てくるもので、「陸奥山」は南部にあって海島金華山にあらず、「朕跡」があり小田という、金洗沢といい、鞴峰といい、吾妻嶽といい、それらがみな残っている、と解していた。金華山説に立つ知明にとってみれば認めがたい妄説であった。

秀雄とは誰であろうか。白井真澄あるいは菅江真澄と名乗るのは後年秋田領に入ってからで、それ以前には「秀雄」を名乗っていた。また、右の秀雄の新説は、津軽が南部になっているものの、「みちのく山」についで確信的なことをはじめて記した寛政七年（一七九五）の『津可呂の奥（仮題）』の前述の金華山説批判に近いものがある。しかも知明は天明六年（一七八六）に真澄と会ってもいる。これらのことからすると、「附録」の秀雄は菅江真澄である可能性が高いのではないか。しかし、「附録」の執筆時期や『坪碑考証』の刊行年が天明三年とすると、秀雄はまったくの別人ということになってしまう。ここではこれ以上踏み込むてだてがないので、「附録」を含む『坪碑考証』の執筆・刊行の時期については今後の検討課題としておく。

南部説といえば、佐々木忠慧『東国歌枕』によると、天平産金のみちのく山を南部の早池峰山とする説もあった。[19]出典は鹿持雅澄の注釈書『万葉集古義』十八巻之上であるが、享保三年（一七一八）に大坂の小山屋平左衛門が、聖武天皇の時に金が出たのは南部の内の早池峰山で、この山にはその時掘った金のまぶが七所にある、はやちね大明神という宮がある、一山悉く金であるが、神が惜しみ人が取ることを許さない、などと話してくれたという[20]。しかし、早池峰山は金を産出する山ではなく、その縁起、旧記などに「みちのく山」を想起させるようなものを見出すことはできない。大坂の小山屋がどのような情報源によったものであろうか。金華山に定説化していく前の語りといえよう。

3 「みちのく山」の「発見」――入内の観音

津軽に滞在中の寛政七年(一七九五)、真澄にとって「みちのく山」を確信する日が訪れた。一〇月一五日に弘前に向けて青森を出立した。耕田山(八甲田山)の麓にある入内村に「としふる観音」があると聞き、そこに詣でようと行ってみると小館村(中野村)であった。この村長の家に吹雪のため一八日まで滞在した。

一九日、そこを出て、通り過ぎようとした山賤らしい三人の男に声をかけ、田山(入内)まで案内してもらう。八十一隣比咩《くくりひめ》(菊理姫、白山神社)や薬師堂を詣でたあと、あばら屋に宿を乞い泊まった。夜半より山風とともに雪が吹き入りつらかった。夢のなかで、昼にみた銀杏の木の葉がほろほろと風に敷かれているのはこがねの降るような気がし、誰に聞くとはなく、ここはどこかといえば答えてくれる人がいたようで、「みちのくのこがねの山やこれならん」という句があった。

そこで現実になって思うに、みちのくにある百の神社(式内社)の中でも高名な黄金山の神はこの森に違いない、中昔に宮を堂に造り替え観音を据えたのであろう、耕田の文字は小田の文字を近世に書き改めたのであろう、今ここに振り仰ぎみる高嶺が小田という山で、その麓にある瑞垣《みずがき》なので「こがね神社」というのではないかと、このあたりは近世に津軽領となったので国人もよく知らないのはよくあることだ、と真澄の想像は広がり、「はかなき夢の教ながら、いまこゝにそれと思ひ渡りぬ」と確信になっていく。

そして、「われ、日本にありとある式内の御かんがき、みや所を拝みめぐらんとて」、十年ばかり、みちのおくを浦山といわずさすらい歩き、はからずもこの神社（『延喜式』の「神名帳」に載る小田郡の黄金山神社）に詣でることのできた嬉しさに涙が落ちて、「かしこしな夢の教をみちのくの小田のこがねの山や是なる」と、感動の極みを歌に詠んだ。翌二〇日、雪がたいそう降っていたが、観音に至り額づいた。若草や木の芽の萌える春になったら、この山に登り、また「こがねの社」にも詣でようと心に誓った（『津可呂の奥（仮題）』第二部、③一九～二三頁）。

翌年（寛政八年）四月一五日、再び入内に至り、観世音の堂に詣でる。四百年の昔は白山社といって山に八十一隣《ククリ》姫を祀っていた、今はその神を地主として、観世音菩薩を槻樹館のあるじ隅田《スミタ》の小太郎という人が堂を建てて納めたものと知り、ここを「こがねの山の神の社」であろうと考えたのは「ひがおもひ」（間違った考え）であったと反省している（『栖家能山』③九四～九五頁）。

五月二日、耕田山の麓の宮崎村で、家ごとに躑躅が咲いているのをみて聞くと、十年前、耕田山の峡より根をこじて採ってきたのが茂ったのだという。童が黄躑躅の花を折ってきて真澄にみせたので、「御代に咲つづじの色よやきがねのこがねの花をみちのくの山」と詠んだ。耕田山を半ば登っていくと、いつの世にか作った小田の跡があり、麓に田代の湯がある。耕田山は小田なる山で、黄金山の神があると兼て思い、今もこがねがそのようにあるのだろうかと記している。

そして、『続日本紀』が出典かと思われる敬福の貢金の史実などをあげながら、山を金花山というが、小田なる島、みちのく島とは聞かないと、あらためて金華山説に疑問を呈し、「ことふみ」に詳しく述べたとしているのは、前述の『津可呂の奥（仮題）』を指しているのであろう。この近辺には黄金浜（かねばま）という山里や、こがねざきという山里があり、国産《クニツモノ》の鮭・タラの大贄に黄金色《コガネハダ》の名がみえ、里では女郎花をこがねばなと呼び、小田なる山から奉る「とや鷹」を黄金鳥《コガネドリ》と古歌に詠むなど、真澄にはなおも耕田山がこがね山にふさわしく思われたのであった（『栖家能山』③一〇三〜一〇四頁）。入内観音堂については「ひがおもひ」としながらも、みちのくやま＝耕田山説を捨てきれない真澄の気持ちが表れている。

同年の五月一九日、早瀬野村（大鰐町）から山に分け入ったさい、比加利万婦《ヒカリマブ》という山がみえ、そこはむかし黄金を多く掘ったところと記した箇所に、「おもふに、かのくだらの敬福が天平のむかし掘てたてまつりしところ、ところ〴〵の山にこがねの出て、なべて、みちのく山といふこそ、うべならめ」（『栖家能山』③一一七頁）と割注している。天平産金は奥州の所々に出たので、それらを一様に「みちのく山」と呼ぶのはもっともなことであると、特定の場所とはみない考えとなっている。割注は草稿当初からのものか、後年の改稿のさいに記入されたものかは不明だが、気持ちの揺れをひとまずはこのように整理したといえようか。

その後、真澄は津軽を去り秋田に向かおうと、享和元年（一八〇一）一一月三日、深浦の竹越家を出立するさいの和歌の贈答で、医者の山崎尚貞が「冴えわたるみちのく山をけふ越えてわかるゝ人やいつ皈り来ん」となごりの歌を詠んだのに対して、真澄は「別れても又みちのくの山越んこがね花さく春を待得て」と返している。陸奥から出羽への旅立ちが意識されてのことであるが、真澄には津軽で追い求めた「みちのく山」への追憶の念を忘れきれぬような歌となっていようか（『雪の道奥雪の出羽路』③二九五頁）。

秋田領では、享和三年（一八〇三）一月二日、大湯温泉に滞在する真澄が、近辺を歩いて幾重にも重なってみえる雪山について聞くと、そこは「陸奥の山」で、こがねを掘る白根というあたりだと答えてくれた記事が知られる（『秀酒企《すすき》の温濤《いでゆ》』③三七二頁）。また、文化元年（一八〇四）八月一六日、真澄は人に誘われ八郎潟の月見をしたが、魚の群れによって水面の小さな波に揺れ動く月のこがねの光をみて、「水の面にみちのく山のかげならで月のこがねの花ぞちり来る」と詠んでいる。月は杜良の岳（森吉山）の雲のなかから現われたとあるので、森吉山を「みちのく山」に見立てたようでもあるが、むろん陸奥の山ではなく、こがねの光から「みちのく山」が思い浮かんで詠んだのであろう（『恩荷奴金風《おがのあきかぜ》』④一九頁）。

晩年の真澄は文政六年（一八二三）、秋田領久保田での住まい笹屋で脱稿した『布伝能麻迩万珥』二の巻で、津軽での見聞をもとに「みちのくやま」の考証を行っている。内容はすでに紹介したのと大差ないが、入内の観音堂について、それは秘仏のため昔より拝み奉った人はなく、ある人が密かにくらがりで室内を探ってみると、観音は仏形ではなく金塊のような重たいものであった。中昔まで小金山華福寺という大寺があって、金《カネ》浜・小金沢という土地の名があり、近くにある「吾妻《アツマ》が嶽《タケ》」は「吾妻なるみちのく山」であろうか。これを考えると小金山花福寺は百済の敬福が建てた寺で、黄金《コカネ》山敬福寺をなまってそのようにいったのではないかなどと、津軽での日記にはみえないことも書かれている。『栖家能山』で「ひがおもひ」と撤回していた入内の観音すなわち黄金山神社との見解に立ち戻り、小田なる山が今の耕田山であることは明らかであると述べている（⑩四四〜四八頁）。

内田武志の未発見本・未完成本の解題によると、『栖家能山』は写本で、真筆本は不明である（⑫五〇二頁）。内田はその解題のなかで、最晩年（文政七年晩秋以降）に「すみかのやま」を再訂正し、「みちのくの小田なる山」の所在地は八甲田山（耕田山）ではないと書き改めたのではないかと推論している。すでに述べた『津可呂の奥（仮題）』から『栖家能山』への変化を根拠としているようだが、その変化は津軽にいたときのことではなく、最晩年における結論だと推論している。

前述のように、真澄の日記が改稿され、当初のままではないことへの書誌的な注意として傾聴に値し、五月一九日の割注の書き入れの時期とも関わってきそうである。それが最晩年だとすれば、さほどかけ離れていない『布伝能麻迩万珥』の記載はどう理解したらよいのだろうか。寛政七年（一七九五）冬の当初の鮮烈な思い込みがよみがえり、「ひがおもひ」の気持ちなど微塵もみられないのであるが、内田の推論にはやや無理があるように思われる。

さて、菅江真澄が入内の観音を黄金山神社と思ったのは「ひがおもひ」であったと一度撤回したのは、その観音の由来を知ったからであった。弘前領で入内観音の由来がどのように語られていたのか紹介しておこう。

元禄一五年（一七〇二）四月に書き上げられた「社堂縁起」（『社堂縁起記　神宝并境内記』[21]）の「入内観音堂之事」には、御堂は縁起不詳、伝え聞くに昔、次（信と訂正）田の小太郎が建立した、しかし数百年を経て退転、慶長年（一五九六～一六一五）に太守為信が御堂ならびに寺を造立、寺号を花福寺といい、寺領一三〇石を寄付、しかし慶長年か、御堂ならびに寺が炎焼、その後再興もなく、寺領も召し上げられる、以来「在建立」となり、尊体は作り不詳、と記されている。大名津軽家の「建立所」から、地域における「在建立」へと変化したことになる。また、「同地主白山権現宮之事」には、伝え聞く、当社はその昔、次田小太郎造立、それより数百年におよび、明暦年中（一六五五～五八）氏子ら再興、今に至るとあり、両所の社司は柴田五郎であった。

これを受け、『津軽一統志』（享保一六年〈一七三一〉）でも、入内の観世音について、地主白山大権現、初開不詳、慶長年中に為信公、本堂寺院を建立し花福寺と号す、一三〇石を寺領として寄付、慶長年中火災に罹り堂院炎上、故あり寺領も寺院も停められ退転、その後、堂を氏子が再興と、同様の記載をしている。(22) 工藤白龍（常政）『津軽俗説選』（天明六年〈一七八六〉）もほとんど変わりないが、「御国三十三所霊場」第二四番、観音祠堂の額字は信牧公の書、入内信田小太郎建立の古碑あり（年号知らず）、為信公のとき再興、入内山華福寺、寺領一三〇石、住僧辞退して受けず、その後一〇人扶持、かの僧こころざして上洛、その後寺大破、村中助力して再興などと記している。(23)

これらによると、入内観音には真澄が想像した古の黄金山神社の由緒はまったく存在しなかったことになる。真澄が「ひがおもひ」であったとして、考え直しをせざるをえなかったのは当然のことであった。

4　真澄後の「みちのく山」

「みちのく山」をめぐる理解や言説はその後思わぬ展開をみせていく。仙台領で金華山説があれほど流布していたのが、一転して否定されていくこととなる。また、弘前領の入内観音をめぐる語りも真澄の「ひがおもひ」の方向で飛躍していくかのような動きが出てきたからである。

まず仙台領のほうからみていこう。転換となったのは、伊勢国白子の沖安海が文化七年（一八一〇）に著した『陸奥国少田郡黄金山神社考』(24) である。当時、少田（小田）郡の山より黄金を掘り出して献じた場所は今の金華山であるという説は、「はやくより皆人のうべなひ来れることにて論なきが如く」であったが、『日本後記』などの旧史を考証して、小田郡は今の遠田郡だとし、今の遠田郡湧谷（涌谷）村にある黄金挟間には「皇国」にはじめて黄金の出たところという言い伝えがあり、そこには「黄金の宮」といって古杉の生い立つ中に社の跡と思われるような敷石がわずかに残っていた。今は荒れ果てた小竹原に行き通う道さえ絶えているが、そのあたりを掘れば布目瓦の砕けたのがいくらでも埋もれているという。これこそが「官帳」(延喜式)に黄金山神社と記された場所であり、金華山説は信じがたい。およそ、このように沖安海は主張していた。

明治期の大槻文彦も涌谷村の黄金迫を産金の地として考証した人だが、その「日本黄金始出地碑文」(明治四一年〈一九〇八〉三月)によると、安海は里人に勧め、天保八年(一八三七)冬に祠が造立され、明治五年(一八七二)五月県社となり、黄金山神社の旧祠の名がはじめて定まった。いっぽう金華山の弁財天旧祠も黄金山神社と称したが、牡鹿郡と小田郡は地勢が懸隔し、しかも金華山は地質的にも金を産出する所ではなく、「妄説名を誤る」と批判していた。[25] 戦後、涌谷の黄金山神社の境内の本格的な発掘調査が実施され、天平年間(七二九~七四九)に造営された建物の基壇跡や根石が発見され、また天平の紀念銘のある宝珠や丸瓦も出土し、延喜式黄金山神社の地であることが考古学的に明らかとなった。[26]

こうして金華山説は覆された。沖安海の新説が出された文化七年、真澄はすでに秋田領に移っていたが、沖安海の見解に接する機会は終生おそらくなかったであろう。真澄は金華山説が支配していたときにいちはやく疑問を投げかけていた。もし、涌谷の黄金迫の言い伝えや出土物に気づくことがあったのなら、耕田山説に向かわなかったかもしれない。自らの見解を一度は撤回しながら、晩年再び耕田山説に立ち戻ってしまったのは、そうした新たな動向の外側にいたからに他ならなかった。

一方、弘前領では、真澄が入内の観音を黄金山神社、耕田山を「みちのく山」ではないかと想像し、あるいは思い違いでなかったかと揺れ動いていたのと軌を一にするかのように、地元民の間に「黄金花咲山は八甲田山か」と語り始められた。工藤白龍（常政）の『津軽俗説後々拾遺』（寛政九年〈一七九七〉）に出てくるもので、大伴家持の歌に、「皇ぎの御代栄えんと東なる陸奥山に金子花咲く」と詠まれたのは、仙台の「金花山」の事にあらず、津軽の「あづまが嶽」であるというのであった。

八耕田（甲岱）はむかし金山で、今も金を選りわけた道具が麓の村里に所持されている。甲岱は往古「あつまが嶽」といい、今「東か嶽」と呼んでいるのは甲岱に連なる山である。「あつま三千坊」という寺があったのも甲嶽（岱）といわれている。こうした説は古歌に付会したようにみえるが、金花山より黄金がはじめて出たのであれば、家持が歌を詠むに、「あつまなる陸奥山に金花咲く」と、「あつま」と「陸奥山」を連ねることはないはずである。仙台の島に金が多くあるので、金花山と号してこの歌に付会したものに違いない。すべて仙台にある古跡を考えると、壺の碑は南部の壺村、碑《へき》村千曳大明神の方がまことらしく、「末の松山は浪こさじ」の古歌あれば南部の浪打坂は疑わしい、野田の玉川は外が浜の野田村が古跡であり、十符の里は新田の鷹槌村のことと思われる、これらを皆仙台へ写しているのをみると、「東なる陸奥の甲岱」を離島に持ち込んだのかもしれない。およそこのように白龍は記している。[27]

仙台領と南部領とで競合する歌枕（名所）についてその是非を下しつつ、津軽人もそこに割って入ろうとする、もくろみが感じられる。[28]その点はともかく、真澄に続くかのように「みちのく山」＝八甲田山説が登場してきたことをどのようにみたらよいのであろうか。真澄と白龍の直接の交流があったのか不明であるが、真澄が日記に書き、青森や弘前などの知人たちに語ったとすれば、真澄の「ひがおもひ」が地元の人々にインパクトを与え、八甲田山＝「みちのく山」に想像を膨らませていく跳躍台になったのではないか、もっと強くいえば真澄が持ち込んでしまった、そのように推測できなくもない。

一度語られると、名所への憧れというものがあって、真偽にかかわりなく独り歩きしていってしまうものなのである。ただ、「あつま嶽」云々のことは、むしろ白龍の知識で真澄に影響を与えたとみるべきかもしれない。

八甲田山を「みちのく山」とみる動きのなかで、入内の観音をめぐる言説も変化していった。安政二年（一八五五）八月の最勝院支配下の『神社微細、社司由緒調書上帖』にはおよそつぎのように記されることとなった。浦町組に属し、正観音堂といい、社司は柴田出雲で、貞享三年（一六八六）に浦町組、横内組、油川組、後潟組の四ヶ組中で五穀成就、四ケ組繁栄を願って再建し、以来四ヶ組鎮守と奉称するようになった。古来あった神楽殿は弘化五年（一八四八）、入内・小館・小畑三ヶ村によって再建された。正観音堂の地主の白山宮（須田小太郎建立）は明暦年中（一六五五～五八）に入内・小館両村で再建、また、観音堂末社として薬師堂があり、正保三年（一六四六）入内・小館両村が疫病退散のため建立したものという。

慶長期（一五九六～一六一五）の津軽為信による再興と退転については、元禄書上をそのまま踏襲しているが、大きく異なっているのは、正観音堂の草創・縁起は詳らかではないとしつつ、往古は小金山神社と奉称の由、大同年中田村麿が蝦夷征伐のとき、大嶽丸と号す鬼の首を奉納、今に納められている、と記されたことであった[29]。田村麻呂伝説が登場し、田村麻呂によって退治された大嶽丸の首まで残っているとし、幕末期、奥浄瑠璃などで語られた田村麻呂・大嶽丸物語が津軽を席巻している様子がうかがわれる。そうしたなかにあって、往古、小金山神社と呼ばれていたというのは、裏づけに乏しくても、真澄あたりからの「みちのく山」への付会を拠り所としたのであろう。

明治三年（一八七〇）の神仏混淆の仕分けのさい、修験をやめ、仏号の社であったため仏体・仏具を取り除き、さらに旧称小金山神社へ改称し、同六年三月には郷社となった。祭神は金山彦神、金山姫神とされた（小金山神社由緒）[30]。しかしながら、小金山神社の「小金山」の言説は必ずしも展開しなかった。

明治九年に成った『新編陸奥国誌』は、小金山神社（祭神大山祇命）について、往古は純然たる神祭りであったが、中古仏法が行われ仏号に改められ、観音を祀ってきたと、維新後の神仏分離によって観音の像を捨てた神官柴田氏の立場から「社記」が語られている。柴田氏の祖は平城天皇の時代、田村麻呂の東夷征伐に随身して来て、小館、入内、小畑沢近郷を領し当社の祠官となり、変転がありながら代々社家を継承してきたというものであった。宝物として大嶽丸という夜叉の首であるとする、古態を示す木製の異形の面の図まで掲載している[31]。当時の志向性として田村麻呂・大嶽丸伝説に神社の起源譚を求めていたのは明らかである。

しかし、ここでも小金山の由来については何も言及されていない。延喜式の黄金山神社に結びつけていくには、宮城県涌谷の黄金山神社という存在を前にして、根拠らしきものは何もなく無理だったからであろう。同地誌の八耕田山の項には「みちのく山」のことはまったく触れられていない。真澄の「ひがおもひ」が白龍らの同調者によって広まっていくかにみえたが、尻しぼみし、小金山神社という名前ばかりが旧称とされて残ったといえようか。それにしても、幕末から近代にかけて地域の神社を巻き込んで、津軽地方でいっそう展開していく田村麻呂伝説の強力な吸引力を感じさせないわけにはいかない[32]。

注

（1）武田祐吉校註『萬葉集』下巻（角川文庫、一九五五年）二一五～二一七頁。
（2）新日本古典文学大系『続日本紀』三（岩波書店、一九九二年）六三～六九頁。
（3）『新訂増補国史大系』二六（吉川弘文館、新装版二〇〇〇年）二五五～二六一頁。

(4)『仙台叢書・奥羽観蹟聞老志上』(仙台叢書刊行会、一九二八年)二一～二七頁。
(5)同前三八〇～三八七頁。
(6)『霊島金華山』(金華山黄金山神社社務所、一九八九年)五八～五九頁。
(7)『仙台領の地誌』(今野印刷、二〇〇一年)九四～九五頁。
(8)萩原恭男校注『芭蕉おくのほそ道』(ワイド版岩波文庫、一九九一年)三九頁。
(9)久富哲雄『おくのほそ道全訳注』(講談社学術文庫、一九八〇年)一七〇頁。
(10)『仙台叢書』一(仙台叢書刊行会、一九二二年)三九七～三九八頁。
(11)前掲『芭蕉おくのほそ道』一九七頁。
(12)『日本名所風俗図会』1(角川書店、一九八七年)四一五頁。
(13)同前三九八～三九九頁。
(14)『東遊雑記』(平凡社・東洋文庫、一九六四年)二三七頁。
(15)『仙台叢書・仙台金石志』(仙台叢書刊行会、一九二七年)三六三～三六五頁。
(16)前掲『仙台領の地誌』五四～六〇頁。
(17)国立国会図書館所蔵『陸奥坪碑考証』(版本、刊記なし、特一―三七五)。
(18)『多賀城市史』6(多賀城市、一九八四年)四二三～四二八頁。
(19)佐々木忠慧『東国歌枕』(おうふう、二〇〇五年)三五二頁。
(20)『万葉集古義』七(国書刊行会、一八九八年)五七頁。なお、佐々木前掲書には「大阪の人山屋平左右衛門」とある。
(21)弘前市立図書館所蔵、八木橋文庫。
(22)『新編青森県叢書』一(歴史図書社、一九七四年)三六頁。
(23)同前五七六頁。
(24)『史跡黄金山産金遺跡―関係資料集』(涌谷町、一九九四年)四～五頁。

(25) 同前一四〜一六頁。
(26) 佐々木茂楨「黄金山産金遺跡」(『宮城県考古学』5、宮城県考古学会、二〇〇三年)。
(27) 『新編青森県叢書』二(歴史図書社、一九七三年)一三六頁。
(28) 拙稿「競い合う歌枕(名所)―仙台藩と盛岡藩の対抗」(『〈江戸〉の人と身分』5・覚醒する地域意識、吉川弘文館、二〇一〇年)。
(29) 『青森市史』一〇社寺編(青森市、一九七二年、一九八二年国書刊行会復刻)七三三〜七三六頁。
(30) 同前二〇五〜二〇六頁。
(31) 『新編陸奥国誌』一(みちのく双書一五)(青森県文化財保護協会、一九六四年)一二八〜一三三頁。
(32) 拙稿「「蝦夷征伐」と地域史認識―津軽地方の田村麻呂伝説を中心に―」(『列島史の南と北』近世地域史フォーラム1、吉川弘文館、二〇〇六年)。

〈付記〉成稿後、松山修「菅江真澄の歌枕「みちおく山」探究」(『NETT』68、北海道東北地域経済総合研究所、二〇一〇年)のあることを知り、校正のさいに参考とした。

第六章　「絵引」をする菅江真澄

1　澁澤敬三の「絵引」

「絵引（き）」という言葉は、収録語彙数が最大の小学館版『日本国語大辞典』（第二版）にも採用されていない。その意味では一般に認知されていない造語のレベルにまだとどまっていることになろうか。「絵引」の発想は、周知のように澁澤敬三が『絵巻物による日本常民生活絵引』（旧版、角川書店）に序文として書いた「絵引は作れぬものか」（一九五四年）という文章に示されている。ここでは新版によるが、古代絵巻の複製をみながら、そこに当時の民俗事象が描かれていることに気づき、「字引とやや似かよった意味で、絵引が作れぬものかと考え」た（澁澤・神奈川大学日本常民文化研究所編　一九八四）。具体的には常民的な資料になりうる絵巻の箇所を抜き出して、描かれている一つひとつの事物に細かく番号をつけて名称を与え、索引を作ろうというものであった。

絵引あるいは図引でもよいが、その特徴は図絵に描かれた、あるいは写真に撮られた事物に番号とともに名称をつけ、解説・検索に便ならしめようとするところにある。近年、『写真でみる日本生活図引』（須藤功編　一九八八～九三）を始めとして、『大江戸日本橋絵巻──「熙代勝覧」の世界』（浅野・吉田編　二〇〇三)、『絵図に見る伊勢参り』(旅の文化研究所編　二〇〇二)など、そうした絵引・図引の手法を用いた成果が生み出されてきている。その事典のような利用者側からの便宜の期待のみならず、作成する側からいえば、忘れられた過去に関してはとくにそうであるが、絵引・図引の一つひとつの作業自体、文献史料・物質資料と突き合わせながら、事物への正確な認識に至る研究実践に他ならないことが重要なのだと思われる。

図絵はすでに近世(江戸時代)から、草子・物語の挿絵、名所記・歳時記の挿絵、あるいは物産誌・本草書・重宝記の図解として使われてきた。近世の木版刷りの出版文化が図絵の表現形式を容易にし、発展させたという側面があった。このような近世以来の図絵の活発な利用のなかで、澁澤敬三の「絵引」の発想・提案につながるような試みがどれほど前史として存在していたのか、という興味にかられる。図絵に描かれた事物の脇にその名称をつけて、何であるかを示す手法ならばそれほど珍しくはない。

それに対して、図絵に描かれた事物一つひとつに番号をつけて名づけをする絵引・図引のようなスタイルはあまり目にしない。ただ、なかったわけではない。たとえば、菅江真澄がすでに「絵引」と呼んでもよい手法を多用していた。すでに、真澄の図絵に関心を向けた論考がいくつかあるが(辻　一九八九、石井　二〇〇〇)、ここでは「絵引」をする真澄に絞って、ささやかながら検討を加えてみようと思う。

2　真澄が描いた「図・画(かた)」

菅江真澄は一八・一九世紀をまたぐ時代に、東北・北海道南部を旅し、土地の人々の生活文化などを記録して歩いた人として知られている。「遊覧記」と呼ばれている日記がとくに著作として有名であるが、和歌を詠み込んだ本文には挿絵が添えられており、本文と一体をなすものとして構成されていた。これまで必ずしも十分に意識されてきたとはいいがたいが、本文（含和歌）と図絵を合わせて読む、読み手にはそのような作法が必要とされている。

もっとも、真澄は当初から「遊覧記」（日記）に挿絵を織り込もうとしていたのではなかったようである。天明三年（一七八三）、郷里の三河の国を出て信濃に入り、信濃滞在中にいくつかの日記を著しているが、晩年真澄が秋田藩の藩校明徳館に献納した『委寧能中路《いなのなかみち》』『わかこゝろ』『来目路の橋《くめじのはし》』には図絵が挿入されている。原本を精査した内田武志の解題によれば、真澄が後年日記を「改装」したさいに、別に所持していた写生帳をもとにして図絵を書き加えたものと推測されている（内田・宮本編　一九七一　四八五〜四九〇頁）。筆跡から下北滞在時に浄書し直し、秋田に来てからの「改装」であろうという。

現存する真澄の日記は挿絵も含めて、最初の草稿ないしスケッチのままではなく、場合によっては何度も改稿の手が入り、最終稿に至るプロセスのなかで、草稿・異本・雑葉などが作り出されたとみなければならない。それらを跡づけようとした内田の根気と労苦を想えば、安易な批判を許さないものがある。

真澄の挿絵は日記にとどまらず地誌へも踏襲されていく。地誌は晩年の久保田住居時代に精力的に取り組んだ仕事で、その『月の出羽路』など雪月花三部作は真澄の死によって未完に終わったが、風景図を中心にたくさん描いている。『勝地臨毫』『阿仁酒沢水《あにのさわみず》』『臨写粉本雪能袁呂智泥《ゆきのおろちね》』などのように、本文がなく風景図のみの絵地誌とでもいうべき作品もある。その他、真澄が写生した風景・事物を冊子体にまとめたものとして、『粉本稿《ふんぽんこう》』『凡国異器《ぼんこくいき》』『凡国奇器』『百臼之図《ももうすのかた》』『鈴の図（仮題）』『埋没家屋（仮題）』『新古祝甕品類之図《しんこいわいべひんるいのかた》』『婸呂綿乃具《ひろめのぐ》』などがある。『粉本稿』などはそのときどきに写生しておいた図絵を集めたものだが、臼や鈴、土器などのように特定の器物に長年こだわって写してきたテーマもあった。

これらの図絵は『菅江真澄全集』全一二巻（未来社版）に収録されている。(1) カラー図版はごく一部にすぎず、白黒で一頁四枚の収載であるためサイズが小さいのが利用のさいの難点ではあるが、図絵に書き込まれた文字（名称・説明文の類）もすべて翻刻され、その全容を知ることができる。図版の数は第一～四巻「日記」一〇一七点、第五～八巻「地誌」九五六点、第九巻「民俗・考古図」三四三点、第一〇巻「随筆」二二点、第一一～一二巻「雑纂」三四五点、合計すると二六八三点にも及んでいる。

このなかには『凡国異器』のように、真澄の自筆本が失われたため模本が収録されている例もある。右の点数には、表紙や文字だけの図版を含むため、そのすべてが図絵というわけではなく、また他人の絵も若干含まれていると指摘されている（石井　二〇〇〇　二三二～二三六頁）。それを除いたとしても、真澄はじつに多くの図絵を描いていたことになる。

それでは真澄は図絵のことをどのように呼んでいたのであろうか。頻繁に出てくるのでどこの箇所でもかまわないが、たとえば「袁波須氏夜麻《おばすてやま》（姨捨山）智久万可泊《ちくまがわ》（千曲川）やはたむら（八幡村）のかた」（『わかこゝろ』①図版八）は、姨捨山の月見に同行の人たちと登ったときに描かれた風景画で、真澄はその絵を「かた」と記していた。風景画ばかりでなく、「病の神をひやらふまつり　めおの鬼のかた」（『委波氏酒夜麼《いわてのやま》』①図版三四）のような民俗図、「アヰノシヤモぶりにものおひてやまに行のかた」（『えみしのさえき』②図版九五）のような人物図、「潜頭巾のかた」（『ひろめかり』②図版一〇六）のような器物図などまで、すべて「かた」であった。

そして、時に漢字表記を用い、漢字に和語の振り仮名の読みをつけることをしばしばしていた真澄である。図絵を指してカタの振り仮名を付している漢字の用例を図版のなかから拾ってみると、見落としもあろうが、以下のようである。

「磯回船路のあらましを図《カタ》にしてしらしむ」(『蝦夷迺天布利《えぞのてぶり》』②図版一五二)、「布離姑の図《カタ》」(『雪の道奥雪の出羽路』③図版四三七)。

「自然石仏之図《オノヅカラナレルホトケノカタ》」(『雪の出羽路』⑥六一二頁、図版二一二)、「その磁器の画《カタ》、某形《ナニノカタ》ともさたかならず。此形《カタ》に亀甲形あり」(同前⑥六二〇頁、図版三二三)、「大樅なゝど見やられたる図《カタ》也」(同前⑥六二九頁、図版三九二)、「円ノ石《マロ イシ》大小《フタツ》あり。凡図《カタ》の如し」(同前⑥六三八頁、図版四六五)。

「ありしむかしのまゝに其図《カタ》をつくりぬ」(『月の出羽路』⑦四七六頁、図版五七四)、「中央に菊画《カタ》、左右に孔雀形《トリガタ》あれと」(同前⑦四八五頁、図版六四三)、「此木の茎葉も画《カタ》に見し扁柏に」(同前⑦四八九頁、図版六四二)、「裡に鶴亀松竹画《カタ》あり」(同前⑦四八五頁、図版六四〇)、「是図《コヲカタ》にうつさまくおもへと」(同前⑦四九二頁、図版六九三)、「斎藤氏の屋戸に、大江戸の画工蘭叢といへる人さちに来宿《キヤドリ》てあれば、此古鑑《カゞミ》の裡図《ウラガタ》をうつしてたうびてむ事をこひねぐ」(同前⑦四九二頁、図版六九四)、「七星玄武の図《カタ》あり、裡ニ十干十二支ノ形《カタ》」(同前⑦四九三頁、図版六九九)、「寒泉之図《シミヅノカタ》」(同前⑦四九七頁、図版七三六)、「其石の大サ図《カタ》の如し」(同前⑦四九九頁、図版七五八)、「熊埜の社の鶏栖なゝどのあらましの画《カタ》」(同前⑦五〇〇頁、図版七七五)、「庚申の碑なゝとあらましの図《カタ》」(同前⑦五〇〇頁、図版七七六)、「なほ奥の図《カタ》につはらか也」(同前⑦五〇一頁、図版七八七)、「熊野宮春ノ図《カタ》」(同前⑦五〇一頁、図版七八八)。

「籠守勝手千箭沼之図《カタ》」(同前⑧四六四頁、図版八六八)、「太田山中ノ図《カタ》」(同前⑧四六六頁、図版八八五)。

「臼の材渓《キ》を隔て對生したるの図《カタ》」(『百臼之図』⑨四四二頁、図版一五二)、「其形《サマ》、麻生園ノ蔵せる子ノ日の鍬ノ画《カタ》にことならず」(『埋没家屋』⑨四五八頁、図版二九五)、「甕の内に文《カタ》あり、いと〳〵古《フリ》たるものと見えたり」(同前⑨四六〇頁、図版三〇三。『新古祝甕品類之図』⑨四六二頁、図版三一八にもほぼ同文あり)、「そをもてこれを図《カタ》のごとく考へたり」(『支干六十字六方柱《しかんろくじゅうじろっぽうちゅう》ノ考《こと》』⑨四六〇頁、図版三〇四)、

「ながやかにして図《カタ》のごとし」「高八寸斗、凡図《カタ》のことし」「大サ図《カタ》ノ如シ」（『新古祝甕品類之図』⑨四六二～四六三頁、図版三一九、図版三二五、図版三二八）。

真澄は「かた」の漢字表記としては圧倒的に「図」を多用し、また、それより少ないものの「画」も使っていたことが知られる。ごくわずかな「文」の事例は図絵というより、土器の内側に刻まれた文様を指している。自身の絵であれ他者のそれであれ、「図」または「画」であったが、「図」と「画」に区別する意識が多少とも働いていたとすれば、他者の図絵に「画」をあてる傾向がうかがわれようか（⑦図版六四三、⑨図版二九五）。そのことは、真澄が松前滞在のおり、月と恋を題材に「蝦夷人」のこころを詠み込み、それに松前藩医の加藤寿（肩吾）が絵をつけて「愛瀰詩歌合《えみしうたあわせ》」という作品が作られることがあったが、加藤の絵を「画」としていることにも表れている（『かぜのおちば』⑪一九八～一九九頁）。

近世ではあまり一般的ではないように思われるが、真澄が図絵を「かた」（図・画）と呼んだのは何に由来しているだろうか。『日本国語大辞典』（小学館版、第2版）によれば、「かた」（形・型）には「原物に似せて作ったもの。絵画や彫刻や模型」「図面。地図。また、模様」の意味があり、『日本書紀』『古今和歌集』『源氏物語』など古代・中古の用例をあげている。『日本書紀』などの古典に親しんでいた真澄が、それにならって使用しているのは明らかであろう。ただ、それだけでもなく、上記の引用中にもみられる形状を指す「形」もまた「かた」であり、景観なり事物の「形」（かた）をそのあるがままに写し取ったものが「図・画」（かた）であるという、図絵に対する写生的態度の反映とみることもできようか。

真澄はどのような気持ち、あるいは理由から「かた」（図・画）を描いていたのか、述べた箇所がある。よく引き合いに出されるが、真澄の旅のごく初期の写生図を集めた『粉本稿』の序文が図絵を描く目的を明かしている。そこには、真澄が国々を巡り歩いて、世に異なる「ところ」、「うつわ」、「ためし」に心をとどめて、それを書き写し、我が親や友人たちにみせたい、そのために及びなき筆にまかせて「そのかたのあらまし」を写し、ふるさとに持ち帰って、すみずみまで残りなく描き、画工と相談して完成させたい、そのように述べられていた（⑨一三頁）。

画工と語らってとあるのは、出版する意図があったからであろうか。『粉本稿』とはそうした目的のための不完全な写生帳という意味合いであった。ただし、絵師の絵画とは違って、図絵主体であってもそれぞれの図絵には簡潔な説明の文がつけられているのが特徴となっている。説明の文を手引きに図絵をみればリアルに理解できる、そのような効果をねらったスケッチであった。『凡国異器』（大槻民治模写本）、『凡国奇器』も同様の図絵集とみてよい。

3 真澄の「絵引」スタイル

当初は日記（文・歌）と図絵集とはそれぞれ別のものとして、菅江真澄には意識・構想されていた。やがてそれは日記のなかに写生した図絵を挿絵として取り込むかたちで一体化していった。むろん、特定のテーマにもとづいた図絵集や文章だけの随筆も作られたのはいうまでもない。前述のように、日記は草稿のままではなく、後年になって改装（改稿）されることもあったため、いつの段階で挿絵が入るようになったのか、見極めは難しい。

内田武志は真澄が松前に渡った翌年（寛政元年〈一七八九〉）の旅のさいの日記『蝦夷喧辞辯《えみしのさえき》』からであったと述べる（内田・宮本編　一九七七　二〇四～二〇九頁）。そして、それまでの『粉本稿』などの描き方とは大きく変わり、写実的遠近法を取り入れ、とくに風景は鳥瞰の手法で描かれるようになったと指摘する。藩医加藤肩吾からそのような指導を受けたとも推測する。

真澄の画法については、御伽草子絵に近く、最後までその枠から抜け出ることはなかった、後期の真澄は遠近法を取り入れ、パノラマ的な鳥瞰で景観を描くようになっている、との美術史家の評価がある（辻一九八九）。小論では真澄の挿絵入り日記の誕生、あるいは描法の変化について再吟味する用意はないが、日記の挿絵に注目するとき、澁澤が述べたような「絵引」「図引」の手法が用いられていることに着目してみたい。『粉本稿』など初期の写生図集では図絵に説明の文が記載されるものの、番号が付されての説明ではなかった。日記に挿絵が入るようになってからの新たな展開のように思われる。以下、その点について述べていくことにしよう。

日記の成立順にしたがってみていくと、番号入りの挿絵が最初に登場するのは、天明八年（一七八八）六月、仙台藩領の前沢を出発し松前に向かって盛岡藩領を北行したときの日記『委波氏迺夜麼《いわてのやま》』である。①図版三一・三七の二つがそれに該当する。図版三一は三照《ミテリ》の大日如来堂を訪ね、その近辺にあった鎌倉の尼将軍（北条政子）の塚を描いたものであるが、図中の該当箇所に甲、乙の番号をふり、図の空白部分に「甲尼将軍の塚と唱ふ　乙大日如来の堂」と記している。

図版三七は「千曳社」の図で、やはり同様に図中に番号をふり、それと対応するように「壺村甲　つほがはら乙　石文村丁　尾山の麓を尾山頭丙といふ　村あり」と、図の空白部分で説明している。それまでの説明文つきの図を発展させて、描かれた事物の一つひとつが何であるかを分かりやすく指し示す、そのような意図を感じさせる真澄の工夫である。「絵引」「図引」といってよいのではなかろうか。

『委波氏迺夜麼』に続く津軽の日記では、『率土《そと》か浜つたひ』の九図、『蝦夷喧辞辯《えみしのさえき》』の一図、『蝦夷迺天《えぞのて》布利《ぶり》』の七図が同様の説明形式を採っている。内田武志は『蝦夷喧辞辯』からの描法の変化を述べていたが、「絵引」スタイルの始まりに着目するならば、それより早く『委波氏迺夜麼』から変わり始めているとみることもできよう。

そのような目でみれば、『率土か浜つたひ』の風景図の挿絵は遠近法的に描かれており、『蝦夷喧辞辯』のそれと比較してそれほど違っている印象にはみえない。ただ、そうした手法を仙台藩領滞在中に習得したのであれば、その当時の日記に何がしかの痕跡があってもいい。そうではないのは、松前への旅路に書かれた『委波氏迺夜麼』『率土か浜つたひ』は松前渡海後に浄書・完成本になった可能性が高く、松前滞在期に描法の変化があったとみる内田説をむしろ補強することになろう。

真澄の「絵引」スタイルは、松前を去ってからも踏襲された。下北時代の日記では例が少なく後退している感が否めないが、津軽に移ってから俄に増え出し、『栖家能山《すみかのやま》』一七図、『外浜奇勝《そとがはまきしょう》（仮題）』一七図、『雪の母呂太奇《もろたき》』七図、『邇辞貴迺波末《にしきのはま》』八図などと多用され、その傾向は秋田に移っても変わらなかった。『雪の道奥《みちおく》雪の出羽路《いでわじ》』一二図、『秀酒企の温濤《すすきのいでゆ》』一〇図、『贄能辞賀楽美《にえのしらがみ》』一一図、『恩荷奴金風《おがのあきかぜ》』一二図、『霞むつきほし』一〇図、『十曲湖《とわだのうみ》』一二図、『夷舎奴安装婢《ひなのあそび》』一〇図、『比遠能牟良君《ひおのむらぎみ》』一五図、『雄鹿《おが》の春風』三二図、『小鹿《おが》の鈴風《すずかぜ》』一七図、『簷迺金棣棠《のきのやまぶき》』一二図、『勝手能雄弓《かってのおゆみ》』二五図などとなっており、日記名をあげなかったものにもこれより少ないが当然みられる。

挿絵の半分以上が「絵引」スタイルを採っている日記もあり、真澄がいかに便利な説明法として重用していたかが知られる。日記ばかりではない。晩年の秋田時代に取り組んだ『雪の出羽路』『月の出羽路』などの地誌、あるいは『勝地臨毫《しょうちりんごう》』などの風景画集でも挿絵に「絵引」スタイルを多用していた。とくに風景画の場合、場所を特定して示すのに都合のよかったことが、地誌などにもその手法が取り入れられたのだといえよう。

さて、具体的な事例を一つ取り上げて、真澄の「絵引」スタイルを紹介してみよう。事例の「かた」は、その手法としては初期の段階のものであるが、『蝦夷迺天布利』に掲載された「烏秀《うす》の滷《かた》」（ウスの潟、②図版一六八）である。[2]

絵の右上空白部分に「烏秀の滷　甲運上舎或乙善光寺の佛をうつしまつる堂　滷べたに丙蝦夷の舎あり

図　烏秀の滷（ウスの潟）

甲　運上舎（運上屋）　乙　善光寺の仏うつしまつる堂（如来堂）　丙　蝦夷の舎（アイヌのコタン）
Ａ　臼箇岳（有珠山）　Ｂ　舟に乗る真澄　Ｃ　鳥居　Ｄ　小祠（観音堂）　Ｅ・Ｆ　石碑
注　『菅江真澄全集』第２巻図版168（白黒、未来社、1971年）、『菅江真澄民俗図絵』上巻169頁図版（カラー、岩崎美術社、1989年）をもとに作図。

みたけに旭さしのほり　もえ出るけふりうつろえるのかた」（アイヌのコタン）と説明文があり、説明文にある朱字の甲・乙・丙は、絵のなかに記された朱字の甲・乙・丙と対応し、この絵をみる者は甲＝運上舎（運上屋）、乙＝善光寺仏の堂、丙＝蝦夷の舎（アイヌのコタン、チセ）と理解できるわけである。

ここでは番号は甲・乙・丙の三つだけであるが、甲乙丙…癸の十干を使い、それで番号が不足する場合には、乾・坤・艮・巽（『外浜奇勝』③図版二七四）、天・地・人（『邇辞貴迺波末《にしきのはま》』③図版四一八）、阿・伊・宇（『勝地臨毫』⑤図版七〇）、阿・伊・于・依・淤・迦・伎・玖（『勝地臨毫』⑤図版二〇二）、春・夏・秋（『月の出羽路』⑦図版五五二）、兆・維・逢・蒙・雍・辛・重・上・玄（『月の出羽路』⑦五七五）、風・賦・比・興（『月の出羽路』⑦図版五七六）、一・二・…・八（『月の出羽路』⑦図版七三三）などと、他の文字を用いていた。

真澄の絵は、絵の説明文だけでなく、『蝦夷迺天布利』の本文と突き合せて読むとき、さらにさまざまな情報を私たちに与えてくれる。真澄の絵引スタイルにならって、甲・乙・丙以外にもA、B、C、…の番号を便宜的につけ、絵を読み解いてみよう。

真澄は寛政四年（一七九二）六月一〇日、泊まっていたアブタ（虻田）の運上屋を出発し「御嶽のぼり」にでかけた（②一三一頁）。「御嶽」とは絵に描かれた噴煙をあげている有珠（臼）山のことである（A）。真澄は「臼箇岳」に登ったときの眺望の図（洞爺湖・羊蹄山など、②図版一六九）を一枚描き、この有珠の潟に続く挿絵としている。

有珠山は周知のように度々噴火を繰り返し、文献記録に残る近世以降だけでも一六六三年、一七六九年、一八二二年、一八五三年、一九一〇年、一九四四年（昭和新山）、一九七七・七八年、二〇〇〇年に大規模な噴火があり、文政五年（一八二二）にはアブタ（虻田）のアイヌや馬牧の牧士らが犠牲となっている。

真澄は有珠の潟を巡った後に有珠山に「富士にのぼりたるこゝち」で登山したが、頂上近くの岩山に登ろうとして、その下の「火井《モエアナ》に落らば身もほろびなん」と案内のアイヌ（ヘカチ）に戒められることがあった（②一三四〜一三五頁）。

時間を前に戻そう。アブタの運上屋のあるじ（支配人）が、二人のアイヌに案内させた。真澄らは岡一つを越えてウスに着き、ウスの運上屋（甲）で少し休んだ。真澄は別な箇所で、運上屋について、「うなのものとりをさむる、さぶらひやうの屋形をたてて」（②三一頁）、「嶋の守よりおかせ給ふ、さもらひのあるに」（②一〇二頁）と説明している。当時はまだ松前藩時代であったので、松前藩主や有力家臣はアイヌと交易する商場（場所）を持ち、それを商人に運上金を出させ請け負わせる形態をとっていた。そうした家臣のことをふつう商場知行主、商人請負のことを場所請負と呼んでいる。支配人は請負人の雇人で運上屋に派遣され仕事を差配した。真澄が「さもらひ」と述べているのは、商場に設営された交易の役所というニュアンスで理解したからであろう。運上屋に真澄が泊まっているように、運上屋は蝦夷地通行人の宿泊施設の役割も果たした。

寛政四年（一七九二）頃、アブタは商場知行主酒井弥六（伊兵衛）、請負人能登屋吉兵衛、ウスは商場知行主新井田浅治郎（浅次郎、内蔵之丞）、請負人橋本孫兵衛であった（河野　一九七九　四四一〜四四二頁、依拠史料によって多少人名に異同あり）。真澄が描く運上屋（甲）は主建物にやや大きめの建物二つが付属し、アイヌのコタンとの境目に小屋のようなものがほぼ一列に六棟位描かれている。運上屋に近接するコタン（丙）には一二の建物があるが、すべてチセ（家屋）のようにみえ、また、柵や檻らしきものもあるが、プ（庫）などの付属施設はおおかた省略されているのだろう。

当時のデータを欠くが、『東蝦夷地各場所様子大概書』によると、文化三年（一八〇六）の幕領下のウスには、会所（運上屋を改称）一、下宿（萱家）一、板倉二、萱蔵二、弁才天・蛭子宮一、地蔵堂一、浄土宗善光寺（一八〇四年創立、蝦夷三官寺の一つ）一、牧士家一軒二人（一八〇五年開牧）、引越稼方の者の家六軒（二二人）、蝦夷家七八軒（三二八人）、があった（北海道編集　一九六九　五二五頁）。ウスは元来が大きなコタンであったようで、寛文一〇年（一六七〇）の『寛文拾年狄蜂起集書』には「家三拾（軒）間斗」とあり（谷川編集委員代表　一九六九　六七三頁）、真澄もウシヨロ（ウス）のコタンを「蝦夷《アヰノ》の国《コタン》の都」とアイヌの人たちが呼んでいることを記している（『蝦夷迺天布利』②一三七頁）。したがって、真澄の絵のコタンの建物がみな家（チセ）だとしても、概略であるから、かなり少なく描かれているといってよいだろう。

ただ、文化三年段階の規模が真澄の訪ねた頃に存在したとはかぎらない。幕領化、あるいはアイヌの雇労働を契機にして、会所元コタンへの周辺からの集住が進み大規模化していくと指摘されており[3]、ウスの場合もそのような動態のなかで考えなければならない。運上屋の主建物（甲）に接する比較的大きめの建物は右の下宿あるいは大きな蔵、一列状に並ぶ小屋風の建物は蔵、それとも出稼ぎ和人の住まいなのであろうか（右の引越稼方に該当するかは不明、幕領後の可能性が高い）。確定しがたい。

ウスは入り江になっており、真澄は、湖水めくところで、松島・象潟のような面影を感じた、としている。このような評価は真澄ばかりではない。坂倉源次郎『北海随筆』（元文四年・一七三九）にも、臼ケ嶽の麓は又入江にて景勝能所《よき》なり」とし、「西は太田山、東は臼ケ嶽とて信心の者は参詣するなり」とある（谷川編集委員代表　一九六九　四〇八頁）。現在は湾内の漁港や堤防などでだいぶ景観が変化しているが、それでも昔日の景勝の雰囲気は残っている。

真澄は小舟をアイヌのヘカチ（少年）二人に漕がせて対岸に向かった。舟はウスの運上屋から提供を受けたのだろう。絵には潟の中を漕いでいく舟が描かれている（B）。舟の前後に立ち、舟を漕いでいるのが案内のアイヌ二人で、衣服も黄色に塗られているのでアットゥシを着ていることがわかる。笠をかぶり中に座っている二人は和人（シヤモ）で、うち一人が真澄自身かと思われる（前方の青色の衣服の人物か、他の「蝦夷迺天布利」の絵にも青色の衣服の人物が描かれる）。

もう一人の茶色の衣服の和人は誰なのであろうか。この絵に続く有珠山からの眺望の場面にも二人は登場し、またアブタ・ウスに来る以前のユウラップの大河を渡る場面などにも二人が描かれ、本文には出てこないのでどのような機縁によるものか不明であるが、真澄には和人の旅の同行者がいたことになろうか（あるいはアブタの運上屋のあるじであろうか）。

やがて、舟を鳥居（C）が立っているところの小嶼（小島）に寄せて降りた。小坂を登っていくと、二間ばかりの堂があった（乙）。その戸を押し開けてみると、円空の作った仏二躯があった。一つは石臼の上に据えてあった。竹筴のなかにこがねの光る仏が入ったのがみえたが、国巡りの修行者がここで死んだので、そのまま納めたものであるという。また、すすけた紫銅の阿弥陀仏があり、津軽今別の本覚寺僧の「鎮西沙門貞伝作之」とあった。鰐口の鐸には、「寛永五年五月　下国宮内慶季」と彫ってあった（②一三二頁）。堂の傍ら、木賊（とくさ）が茂るなかに小祠（D）があり、このなかにも円空仏が三躯あった。

絵に石碑のようなものが二つ描かれ（E、F）、どちらかわからないが、碑（いしぶみ）には「善光寺三尊如来　開眼　善光寺十三世　定蓮社禅誉上人智栄和尚　享保十一丙午年正月五日　願主　上総国市原郡光明寺八世　天蓮社真誉禎阿和尚」（同上）と刻まれていた。絵では場所を確定できないが、小さな岩穴があって、潮の満ち干でしたたり落ちる音が高く響いていた。夜籠りの人に、遠耳に大鐘が遠く響くように聞え、あるいは金鼓の音かと迷わせるのだというが、真澄はその岩穴の音かと想像している。

再び堂（乙）の中に入って休むと、莚が清らかに敷かれており、それは夜籠りする人たちのためのものであった。いつも、月の半ばから末にかけて念仏を唱えて円居し、大数珠を繰りめぐらす。また、年を越して住居するシヤモ（和人）は春の彼岸にこの堂に集まり夜念仏を唱えるという。海士、山賤が語るには、月の初めに臼のみたけの御仏が信濃国に飛行して行ってしまい、十六夜にこの浦に帰ってくるとのことであった。

真澄が尋ねた当時には、現在、国史跡善光寺跡（真澄の絵では運上屋・コタンの背後・下方のあたり）となっている官寺善光寺はまだ建立されていなかった。しかしそれ以前からウスは善光寺信仰の霊地として知られていた。前出『寛文拾年狄蜂起集書』には「此うすに四十八嶋せんかう寺かやしろ有」とあり、『北海随筆』も臼ケ嶽の麓に善光寺の弥陀を安置するとしている。

古善光寺とさしあたり呼んでおくが、その由緒を語る最古の記録である、松前藩の史書『新羅之記録』（正保三年〈一六四六〉）には次のようにあった。「宇諏《ウス》の入海」は「日域」の松島の「佳境」に劣らない「佳景の地」で、「往古」には数百家の人間が住み、善光寺如来の旧跡があった。「時々称名の声鉦鼓の音」を「夷」が聞くことがあり、「奇異」の思いをなした。藩祖の松前慶広が慶長一七年（一六一二）冬の夢の告げにより、翌年五月一日、船に乗ってそこに詣でて再興し、如来の御堂を建立した、と（北海道編集一九六九　五二頁）。真澄も記す「称名の声」云々はこのように古くからの伝承であった。

『福山秘府』所載の享保三年（一七一八）六月の「東在御堂社改之控」によると、東蝦夷地宇須に「古来」よりあった「如来堂」と、神体が円空作の「観音堂」の二つがあった（北海道庁　一九三六　一二〇頁）。真澄が堂といっているのが「如来堂」（乙）、「小祠」（D）といっているのが「観音堂」に当るだろうか。

前期幕領期のウス場所の前出「大概書」に「地蔵堂壱ケ所、右は以前より阿弥陀仏安置有之候処、当地は地蔵安置致置、右阿弥陀は善光寺本尊に相成候」と記されており（北海道編集　一九六九　五二五頁）、善光寺の本尊となった阿弥陀仏はもともと地蔵堂の場所にあったことになる。地蔵堂は現存しており、真澄の絵にある堂（乙）の場所とおよそ合致しそうであるから、真澄が円空仏などをみた堂（乙）は善光寺建立後、地蔵堂となった場所であると推定してよいだろう。

4　真澄の独創性

菅江真澄は「絵引」スタイルを挿絵に採用し、日記や地誌などを読む者に便ならしめようとした人であった。その着想は真澄の独創なのか、それとも先行する何かに学び、あるいは誰かに教わったのか、明らかにはできない。松前滞在時におそらくは獲得した表現方法であった。

真澄は人々から尋ね聞くだけでなく、数多くの文献を読んでいたことが明らかにされている。晩年の秋田時代になるが、随筆『布伝能麻迩万珥《ふでのまにまに》』の引用書目（磯沼　一九九七）をみると、そのなかに『江戸砂子温故名跡誌』『東国名勝志』『東海道名所図会』『伊勢名所図会』といった名所記・地誌類が含まれている。これらの名所記類は挿絵入りが特徴で、図絵の精細さを売り物にしていく。真澄は秋田に来る以前でも、その土地の一級の知識人と交わったから、三都で出版された書目を借覧して読むなどの機会は少なくなかったはずである。真澄の図絵は、そのような時代の動向と影響しあっているのはたしかであろう。

しかし、それらの絵入り名所図会には、断言できるほどにはみていないので印象にとどまるが、真澄のように「絵引」スタイルを採用したものはあまりなさそうである。真澄が何がしかのヒントを得たにしても、真澄の独創性がきわめて高い試みであったといわざるをえない。それは、絵画作品としてみせようとする絵師の態度ではなく、事物をあるがままに示して、文章と相伴って理解を助ける、そのような態度から生み出されたのであった。

注

（1）本章における真澄の文章および図絵の引用はすべて『菅江真澄全集』全一二巻（未来社、一九七一～八一年）による。

（2）真澄の図絵のうち主要なものは、内田ハチ編『菅江真澄民俗図絵』上・中・下巻（岩崎美術社、一九八九年）にカラーで掲載されている。本図版も上巻に掲載されている。

（3）アイヌ社会の変容と結びついたコタンの二次的な集落の形成、すなわち「強制コタン」である（高倉一九六六）。

〈付記〉本章4のうち『蝦夷迺天布利』の「鳥秀の滷」図解の箇所は、拙著『菅江真澄に見るアイヌの生活文化』（御茶の水書房、二〇一〇年）の文章とかなり重複している。この箇所を省きたかったが、章全体の流れを考えて残した。その点はお許しいただきたい。

引用・参照文献

浅野秀剛・吉田伸之編
二〇〇三『大江戸日本橋絵巻――「熙代勝覧」の世界』、講談社。
石井正己
二〇〇〇「菅江真澄の旅―肉筆絵が語る歴史―」『ものがたり日本列島に生きた人たち』5、二〇七～二四一頁、岩波書店。
磯沼重治
一九九七「菅江真澄の随筆における執筆姿勢―『筆のまにまに』を中心に」『真澄研究』創刊号、一～三六頁、秋田県立博物館菅江真澄資料センター。
内田武志・宮本常一編
一九七一『菅江真澄全集』第一巻、未来社。
一九七七『菅江真澄全集』別巻一（内田武志著・菅江真澄研究）、未来社。
河野常吉
一九七九「場所請負人及運上金」（抄）『松前町史』史料編第三巻四三三～五一七頁、松前町。
澁澤敬三・神奈川大学日本常民文化研究所編
一九八四『新版絵巻物による日本常民生活絵引』第一巻viii～ix、平凡社。
須藤功編
一九八八～九三『写真でみる日本生活図引』全八巻・別巻、弘文堂。
旅の文化研究所編
二〇〇二『絵図に見る伊勢参り』、河出書房新社。
高倉新一郎
一九六六「アイヌ部落の変遷」『アイヌ研究』一二九～一六二頁、北海道大学生活協同組合。
谷川健一編集委員代表
一九六九『日本庶民生活史料集成』第四巻、三一書房。
辻惟雄
一九八九「菅江真澄の絵」『菅江真澄民俗図絵』下巻五三九～五四三頁、岩崎美術社。
北海道編集
一九六九『新北海道史』第七巻史料一、新北海道史印刷出版共同企業体。
北海道庁編纂
一九三六『新撰北海道史』第五巻史料一、北海道庁。

第七章

日記から地誌へ
——日記体地誌の位置づけ

1 雪月花三部作の構想

「三河の国乙見《オトミ》の里人」と自ら記す菅江真澄が、佐竹氏の領する出羽六郡の地誌を編もうと、『花の出羽路の目』（仮題）の序にその決意のほどを記したのは文化一〇年（一八一三）の春のことであった（⑧三〇九頁）。享和元年（一八〇一）に秋田藩領に再び入って以来、秋田郡・山本郡方面を歩いて日記を書き、また『百臼《ももうす》之図《かた》』や『ひなの一《ひと》ふし』をまとめ、さらには文化八年秋より随筆『布伝能麻迩万珥《ふでのまにまに》』に着手し、同一〇年にはすでに六〇歳になっていたかと思われる。久保田に住居を定め、名前も菅江真澄と称するようになり、晩年をどのように過ごしていくか、人生の転機、節目を迎えていた。

その地誌は、雪月花になぞらえて、秋田・山本二郡の「花の出羽路」、河辺・仙北二郡の「月の伊伝波遅」、雄勝・平鹿二郡の「雪のいてはぢ」という、三部構成として構想された（⑧三〇五〜三〇六頁）。この六つの郡は「佐竹ノ侯の封す六郡《シラクニ》」で、「こたひふりはへて（わざわざ）、かゝる六の郡を、浅茅原つばら〳〵に（委曲、くわしく）わきめぐり見なんとせちにおもひたちて、かしのみの（樫実の、枕詞）ひとりたどりて」（⑧三〇八頁）、まずは秋田郡に入ろうというのであった。「花の出羽路」から開始しようとしたのは、季節が春だったこともあろうが、それまで秋田郡・山本郡の比内、能代、男鹿方面をおもに歩いてきたという心やすさからであっただろう。そして完成させないままに雄勝郡の調査に移ったのも、すでに両郡の日記（遊覧記）をかなりに書いてきたからに他ならなかったのではないか。

しかし初志の企画どおりにはいかず、しばらく中断のあと再開、精力的に進めるも自らの死によって大願成就しないままに終わっている。未来社刊『菅江真澄全集』では第五巻から第八巻までの四冊が地誌1～4にあてられている。真澄の全著作のなかで分量的にも地誌の占める重たさが知られ、地誌がどのように編まれ何が書かれているのか明らかにしていくことは、晩年の真澄の関心の所在や、学問の方法・思考に迫っていくうえで欠かせないといえよう。

真澄の地誌への関心は、内田武志による解題や研究がすでに述べているように、文化一〇年（一八一三）より前に始まっていた。「花の出羽路の目《ナ》」として「勝手の雄弓」「月のをろちね」「あさ日川」「水のおもかげ」「をもの浦風」の五冊の標題が掲げられており、文化八年秋から同一〇年にかけての探訪の記であった。このうち『勝手能雄弓《かつてのおゆみ》』と『月酒遠呂智泥《つきのおろちね》』は全集第四巻（日記4）に収められ、『あさ日川』は全集第十巻（随筆）所収の『布伝能麻迩万珥《ふでのまにまに》』五巻に「あさひ川」として、やや長文が「『花の出羽路《イデハチ》』《朝日川の巻》」より引用され（⑩一四八～一五七頁）、また同じく『久保田能おち穂』にも「あさ日川」として短い引用がみられ（⑩三九一～三九二頁）、『水ノ面影』も全集第一〇巻に収録されている（他に「河の源」と題したものがあった。「未発見本・未完成本解題」⑫五三四頁）。いずれも後欠だったり、下が欠けていたりなど完本ではない。「をもの浦風」は発見されておらず、その一部の引用も知られていない（同前⑫五三〇～五三一頁）。

これら五冊の「書の形式」について、内田は、「真澄が当時考えていた地誌は、日記型式で編んでいこうとしていたことが知られ」、後に「条目をたてた型式で地誌を書くようになるが、それは文政年間になってから」のこと（解題、⑤四四六頁）、「当時書こうとしていた地誌というのは、文化九年に書いた《みずのおもかげ》や《つきのおろちね》のような形式に見聞考証を整理した日記随筆」（解題、⑥六五三頁）、「地誌というよりも日記」（解題、⑧四八一頁）などと評している。そのうち『水ノ面影』については「随筆集」（解題、④三五八頁）と捉え、また別の箇所には「二日間の日記のようなまとめ方」で、「従来の日記の体裁とは異なり、狭い地域の古事来歴を詳しく探索するために、その前後、多くの時日を予備調査にあてるという新手法を用いて」おり、「日記から地誌編集へ移行する過渡期の著作」とも述べている（解題、⑩五三五頁）。日記でもなく地誌でもなく随筆に含めたのは、「古事来歴」の「探索」を重視し、同時期に始まった『布伝能麻迩万珥』の考証に近いとみたためなのだろう。

結局のところ、本格的な地誌編集は、文化一一・一二年段階の調査資料を使った、「地誌再開の習作」のような文政五・六年（一八二二・二三）『雪の出羽路雄勝郡』を経て（解題、⑤四〇五〜四一一頁）、同七年取り組みの『雪の出羽路平鹿郡』から始まるというのが内田の理解であった。じっさい、『雪の出羽路平鹿郡』壱巻の序にあたる部分に、「またこゝにいふ」として、もう一度六郡を雪・月・花に分けて編むということを宣言していたのは、単に継承するという意味合いだけでなく、形式など一新しての、再出発の意気込みを示しているだろう（⑥一三頁）。

したがって、内田が右の五作品を地誌とは認めがたく、日記や随筆の巻に収録したのは理由のないことではなかった。しかし、『花の出羽路の目』（仮題）が地誌の巻に、『勝手能雄弓』と『月迺遠呂智泥』が日記の巻に、『水ノ面影』が随筆の巻にそれぞれ収録されているのは、後述する類似の他の作品も含めて、文化八年（一八一一）から一一、一二年にかけての真澄の企画、実践を一群のものとして理解することを妨げてしまうのではないかと懸念され、混乱を与えかねないのである。

2 『花の出羽路』の試み

「勝手の雄弓」以下の五作品、および『花の出羽路の目』（仮題）に示された新道田・藤倉（後欠）の記述を、ひとまず初期地誌、あるいは試行段階の地誌と捉えておきたいと思う。それぞれの作品の概要を成立（探訪・執筆）順に示しておこう。

（1）『勝手能雄弓』（④二八九〜二九八頁）は、文化八年（一八一一）八月一〇日の一日だけの行程である。秋田藩儒者の那珂通博《なかみちひろ》に誘われて、江田純玉・広瀬有利といった知人たちと、太平の黒沢村にある勝手の神を尋ねようと、手形を出たところから始まり、野崎、谷内佐渡、柳田、八田を経て、元町《モトマチ》（目長崎）の嵯峨理右衛門利珍の家で休んだあと、勝手の神の手前、寺中堀内の髪長堂に至ったところで文は終わっている。ただ、図絵が残されており、勝手の神参拝後に河辺郡の岩見三内、杉沢、鵜養《ウヤシナヒ》などを歩いたことが知られるが、『花の出羽路』を意識してそこで切られたのであるかもしれない。勝手の神は吉野から勧請したものであることが冒頭に記され、経路に沿って視界に入ってきたものが順々と書かれ、それぞれの由縁や来歴が取り上げられる。

たとえば、元力士であった名山《メイザン》源太左衛門の石像、推古山の別名のある西山、八田村の松応禅寺（正応寺）、目長崎の源正寺、寺中堀内の若宮、同所髪長堂、などについてであるが、とくに松応禅寺の開山である松原寺《マツハラデラ》の無等良雄が、万里小路中納言藤原藤房卿ではないかとの伝聞について、『国朝諫諍録』より「羅山文集」なども引用しながら、真澄の考証が詳しく述べられている。ただ、住僧に聞くと、寺は焼亡して書き残したものは何も伝わらず、寺の名も今は正応寺に改められているとのことだった。なお、文中には、真澄や通博の和歌が挿入され、それまでの紀行体日記（遊覧記）と変わらない。

（2）『水ノ面影』（⑩三三三〜三五九頁）は、『月迺遠呂智泥』の記すところでは、文化九年（一八一二）春から寺内のあたりに居て、寺内山の古跡を辿って書いた冊子であった（④三〇一頁）。寺内の郷や高清水の岡のあたりは旧跡の多かったところであるが、その「ゆゑよし」を詳しく知る人がいないので、その地に滞在していろいろと尋ね問い、また里の老人《オキナ》が聞き伝えている「古物語《ムカシモノガタリ》」を案内として明らかにしようというのであった。この冊子は、二度の探訪記からなっている。一度目は二月初め、この里に住む鎌田正家《マサヤカ》、梅花湯《ウメノハナユ》を售る（売る）屋《ヤド》のあるじ、および童などを誘い連れての探訪、二度目は三月初め、鎌田正家とともに歩いた探訪である。日にちをはっきり書いていないところが他と違っている。

一度目のルートは、寺内の堂場《ダウニハ》を出立して、綾小路、六右衛門という人の家の後ろにある梅園《ウメソノ》の跡（柵《サク》の梅、梅屋布《ウメヤシキ》、藍川正恭『雪の不留道《ふるみち》』）、殖野《ウエノ》、古墳《ツカ》、生根《オヒネ》が沢の池（生稲が沢）、槻館（秋田営か、『三代実録』）、御休山《オヤスミヤマ》（眺望の山々）、生稲が沢の池、亀背《キハイ》坂（化粧坂）、鶴が池、幣截《ヌサキリ》山、石神（『続日紀《ミフミ》』『金葉集』）、大野の原（将軍浜・将軍野）、中谷地《ナカヤチ》（船が沢、『日本後記《ミフミ》』）、義定《ギヂヤウ》が嶋（土崎湊の蒼竜権現社誌《ミヤシロノフミ》、『雲井の御法《ミノリ》』、鳥屋場《トヤバ》・鉄屑山《カナクズヤマ》などの地名）、土崎湊の国分町（穀母丁）、矢守坂（新町の坂）を巡って寺内に着いた。

二度目のルートは、鎌田正安の家から出て、下小路《シタコヲジ》、朝日第《ヤシキ》（旭《アサヒ》の岡《ヲカ》）、手燭小路《タビコヲジ》（旭さしの大槻、目あらひ水、『姓氏録』）、駅路《ウマヤヂ》、十字街道《ヨツメド》、麻畠《ヲバタケ》、鴈子山《ガムゴヤマ》（かのこ草、『しをりぶみ』）、両津山（ちゞれ松）、両津の坂、大善坊という修験者《ケムザ》の古館跡《フルアト》（旭墳墓《アサヒツカ》）、五輪峠（五輪石、眺望）、焼山の麓（『三代実録』『書紀《ミフミ》』『東鑑』『永慶軍記』）、小林（榎）、清五郎沢（千歳の寒泉《シミズ》）、奇南橋《キヤラ》（香炉木橋《カウロギ》）、高野山、五輪石《イシワ》、と歩いてきたところで終わっている。

右の実際に訪ねたところにかぎらず、視界に入ったものや近辺にあるものも加えて（古四王神社や秋田城など）、それらの「ゆゑよし」（故由、いわれ）を説明することに大半が費やされている。そのさい、カッコ書きのなかにあげたように史書など文献からの引用が少なくない。名所を詠んだ古歌も所々に引かれている。生根《オヒネ》が沢の池（生稲が沢）について、一〇年ばかり前に死んだ「六十斗《ムソ》の老女《トジ》の物語」「或《アルヒトノ》云《イハク》」とあるように、土地の人の語りとして明記されている場合もある。真澄自身の見聞、知識を総動員して、その土地の由縁や物語を集めて編んでいく、そうした地誌的要素が濃い巡見記となっている。その点で同じ日記体とはいえ『月迺遠呂智泥』とは大いに様相が違っているといえよう。

しかし、それでも所々に真澄や正家が詠んだ歌が記される。一度目の探訪の途中、正家の親正安から「かくびやう」（脚気）で人々とともに歩けないことを残念に思う文・歌を童がもってきて、真澄がこれに返し歌をするなど、真澄や同行者に関わる行為がときおり前面に出てくるのである。日記体を捨てがたい真澄の心情が表れているように思われる。なお、この冊子にも、雄物川での八目鰻鱺《ヤツメムナギ》の漁法や（⑩三五三頁）、破瓦、古銭、破陶など出土遺物（⑩三四八、三五一～三五三頁）のことが書かれ、生業技術や考古学への関心の強さがうかがわれる。
（3）『月迺遠呂智泥』（④二九九～三一八頁）は、文化九年（一八一二）七月、寺内にあった真澄が、太平山に登って居待の月をみようとの那珂通博《ナカミチヒロ》の誘いに乗り、土崎の岩谷貞雅《イハヤサダノリ》や、鎌田正家《マサヤカ》とともに一六日に出立したところから始まる。萱岡《カヤヲカ》では五月末より雨が降らず、田の面が割け、畑物が枯れていた。その頃、村々郷々では夜昼と水争いの騒ぎとなっており、「いま十日も雨のあらずば命死《シ》なん」などと、照る日の空を恨む男女が語りつつ、群れ行くのに遇っている。このあたりは地誌とはいいがたい日記の書ぶりである。

山崎村の大野順耿《ノリアキラ》の庭、水口村《ミノクチ》の白幡大神宮、白阪館の址、鬼越山、添川村のうぶすなの宮、八田村の正応寺などをみながら来て、目長崎《メナガサキ》の嵯峨勝珍《カツハル》の家に泊まった。添川の箇所では「副河の神」の考証も記す。一七日、雨により通博など久保田から誰も来ない。月夜に盆踊りのどよむ声が聞こえてきた。一八日の夕、通博はじめ淀川盛品《モリタヾ》、樋口忠一《タヾカツ》などが宿に着いた。

一九日、目長崎を立つ。寺庭《テラニハ》では久保田の市にひさぐといって、李を千駄櫃《センダヒツ》のようなものに入れて背負う男女に出会った。勝手の神を拝み、野田村を経て東光庵で休んだ。その庭前に「蝦夷《エミシ》の木幣《イナヲ》」に異ならない「ほうたき棒」が、この春死んだ童を埋めたところに刺してあった。「蝦夷龕霊《ヌシヤカムヰ》を祭る」墓所に同じだと、真澄はいう。中平《ナカタヒ》の鳥居には太平山の額が掛かっていた。邪玖渓《ザクザワ》の山中にある大桂の樹に「もぎ木の枝」を打ち掛けてあるといい、これは陸奥山の所々にある鍵掛《カンカケ》の習俗かと、真澄は思う。「もぎ木」（捥木）は「枝をもぎとった木」（『日本国語大辞典第二版』）のことであるが、図版九九五をみると、叉木の枝が掛けられている。小松渓、蔵王権現の舞台石を過ぎて不動の滝に来る。寺内《テラウチ》が渓《サワ》というのがあった。寺内の平助が、太平山《オホダヒラヤマ》の三吉（山鬼神）の妻となった自分の母を尋ねて山に入り、谷に落ちて死んだところという。女人堂、宝蔵が嶽を経て、大峯に着き拝んだ。ここに太平山大権現を祀る大峯の来歴を記す。狭い堂に泊まり、やや晴れて月ほのかに照り、古歌を思い出している。

二〇日朝、通博は堂の戸に句詩《クシ》を書きつけていた。堂の前に桜の枝を刺して立てた。大峯よりの眺めにかこつけて、『秋田の刈寝』に記したという萩生《ナリ》山の物語を詳しく紹介する。山を下りながら、山の草木や寒泉、沢の滝など楽しみ、歌を詠み合う。大山祇《おおやまつみ》の社では鳥居ごとに叉木（カギ）を投げ掛け、「蝦夷の木幣《イナヲ》」を簡略にしたような逆樹というものを社の傍らに立てていた。蛇喰《ジャバミ》の炭役所、小鷹滝、越平《コシダヒ》、級野沢《シナノサワ》などを経て、元町の嵯峨の家に着き泊まった。二一日、夕方近くに出て、柳田の村の長のもとで雨宿り、ここで通博らと別れた。真澄らはそのまま泊まり、翌日貫束山《ヌカヅカヤマ》、天楯山《アマダテ》に登っている。

この日記のスタイルは、旅の初期、信濃での姥捨山の月見に連れ立っていったときの『わかこゝろ』に近いものがあり、項目体地誌からは程遠いといわざるをえない。

（4）『花の出羽路《イデハチ》』《朝日川の巻》（『布伝能麻迩万珥』五巻、⑩一四九〜一五七頁）は文化一〇年（一八一三）春、仁別の旭川の「水元《ミナモト》」に分け入ったときの日記である。二〇日に山路を経て仁別に至り、案内者に導かれて沢や滝、淵、窟などを廻った二二日までの行程で、それら個々の地名、名称にこだわり、その由来をつとめて書き記している。仁別村の大嶋多治兵衛の家に泊まり、二一日には大嶋正家、二二日には保長《ムラキミ》佐藤某が案内してくれた。二〇日も「あない」が語ったとあるので、単独行ではなかった。土地をよく知る案内者がいなければ書けなかった性質の記事であった。

詳しくは省くが、二〇日には「蝦夷家跡《エゾヤシキ》」や、「蝦夷辞《エゾコトバ》」と解する「軽沢《カルノサワ》」「迩倍都《ニヘツ》」（仁別）の地名に関心をもち、あるいは去年秋に大蛇峯《ヲロチヤマ》に登ったさいに聞いた「多知良《タツチラ》」（カビ・樺）を思い起こし、「蝦夷《エゾ》舎《ヤ》の跡」を掘ったら紐鏡・陶皿《スエサラ》が出たという案内の話から、「此あたりは、みな蝦夷の住居《スミ》つる処とは、つばらかに知られたり」と確信したのであった。真澄は「蝦夷家跡《エゾヤシキ》」には「水城《チヤシ》などの蹟《アト》」があり、「城《チヤシ》とは、蝦夷語《エミシガコトバ》也。『書紀《ミフミ》』に城《サシ》といへり。城柵《チヤシ》は城に近し。古語にや」（⑩一四九頁）と考証を加えている。アイヌのチャシ（城柵）と「蝦夷館」の関連性は今日でも考古学的に指摘されることであるが、この「蝦夷家跡」がチャシと土地で呼ばれていたのではなさそうであり、真澄が結びつけて捉えたというまでであって、真澄の考証において注意を要するところである。

二一日は、向ヒ邑から粟畠、尺沢《サクサワ》を経て、長滝をみるのが目的だった。その行き帰りの地名ということになるが、そのうち、家の沢というのは、昔、大嶋四郎兵衛某が乱世を逃れて隠れた跡と伝えていた。仁別の村に戻って、その四郎兵衛の末裔新左衛門や、佐藤作右衛門の家を訪ね、その家の歴史についての言い伝えを書きとめている。旧家の家の歴史へ着目していくことも地誌への傾斜を示すものとなっている。

二二日は、波多《ハタ》の沢《サハ》に鬼が窟《イハヤ》といって「おもしろき処」があるというので案内されて行った。戸沢の古城の跡を見たあと、馬場目から山越えして炭俵を背負ってきた人が休泊する立場《タテバ》、鳥居に逆枝《モギ》の木の枝を打ち掛けてあった山の神沢の大山祇の社などを経て、二蓋滝《ニカヒダキ》、舟沢《フナザワ》の滝など見て、いくつもの淵瀬《フチセ》を渡った。疲れて休んでいると、香茸を採る山賤《ヤマカツ》に出会い、鬼が窟には雪が深く、今日は日にぬかるんで行き難いといわれ、行くのを断念した。どうしてもみたいのであれば、暗いうちに出立して雪が凍っているとき分け入るしかないとのことであった。帰りには、むかし、木を流したという木滝の淵などをみて記している。

（5）『をもの浦風』は、土崎の湊の「むかしいまの物語」を記したものという（④三〇一頁）。『水ノ面影』に近い内容であったろうか。

（6）『花の出羽路の目』（仮題）に新道田・藤倉の記載がみられる（⑧三一〇～三一六頁）。新道田については、その場所、地名の由来、集落の変遷、神社、旧家、山の名、田の字、寺庵などが、項目立てされずに記されているが、真澄が歩いた経路にしたがって書かれておらず、また歌もなく、書き手の主体がみなえなくなっている点で、地誌に近いものとなっている。いっぽう藤倉のほうは、「小松原といふ処の九折をおりて、…かくて白水沢《シロミツサワ》といふ処に来けり」（⑧三一一頁）、「しばしとて立やすらひて四方八方《ヨモヤモ》をうち見やる」（⑧三一二頁）などと、真澄の行動や目線に沿って書かれ、自らの歌もちりばめられる。藤倉権現とその縁起の紹介に中心がおかれている。前述の五作品の記述形式を引き継いでいることになる。

（7）『花のいではぢ　松藤日記』（⑧三一七〜三四〇頁）は内田氏によって文政五年（一八二二）三月以後の執筆と推測されているものだが（解題、⑧四八四頁）、（6）の藤倉村の記載がほぼそのままのかたちで再録され（ただし後欠）、文化一〇年頃の探訪記事を含んでいる。秋田郡山内荘として松原村・藤倉村、手形荘として田中村・掵田村・濁川村・添川村が取り上げられ、村ごとにまとめられている。内容的なことは省くが、手形荘の各村の場合には項目ごとに書かれ、日記体の形式は消えて、地誌の体裁をおおむね整えているのに対して、山内荘のほうは松原村も藤倉村と同様の形式となっている。記述にあたってつとめて対象化して説明しようとしているが、ときおり「また、滝のうち霞みたる見やり彳《タヽズ》めば、ことしは、れいよりも寒くて花も遅き事よと、こゝろありげに、あないが云ひつゝ、けふりうちくゆらすもをかしく」（⑧三二一）とあって、真澄の歌が挿入される。真澄がひょっと表に出てきてしまうのである。松原村の記述も同じ時期の執筆といえるだろう。全集第八巻には『花の出羽路秋田郡』、『月の出羽路河辺郡』という地誌なども収載されているが、日記形式の記述はみられなくなっており、後の編述として区別してよいものである。

3　日記体地誌の可能性

菅江真澄の三部作構想の取り組みは、『花の出羽路』から『雪の出羽路』雄勝郡に移った。全集第五巻収載の『増補雪の出羽路』雄勝郡一の冒頭の箇所（江畑本）に文化一一年（一八一四）夏五月の日付がみられるので、それが開始の時点ということになろう。村々を巡って集めた素材を編集し地誌としてまとめたのは、中断をはさんだ後の文政五、六年のことと内田は推測している（解題、⑤四〇九頁、四一三頁）。

「増補」というのは深澤多市による『秋田叢書』編纂のさいの措置で、未来社版全集もそれを踏襲したのであるが、その事情については内田解題を参照されたい。

ところで、『雪の出羽路』雄勝郡のなかに組み入れられた『高松日記』『駒形日記』という二つの日記がある。この二つを取り出して単独の作品として扱ったのは『秋田叢書』であるが、内田もそれにならって全集第五巻に始まる地誌の冒頭にこの二つを収載している。日記とあるように、他の雄勝郡の記載とは明らかに異なっている。

『駒形日記』(⑤二一～二五頁)は、文化一一年八月一九日、檜山(檜山台)の高橋の家を出て、朴ノ木台、赤滝(赤滝明神)、小蟋蟀《こころぎ》坂、一杯寒泉など、成瀬川上流(赤川)に分け入ったときの踏査である。山坂を登って休んでいると、山の神の花立といって、木の小枝を折って刺してあるところに、来かかった男もまたぬるでの紅葉を刺し添えているのをみて、真澄も真似して刺し、歌を詠んでいるのが印象的である。これに「今枝折さしたるはげみぞ、いづこの渓にかおりしぞ」と「あない」が真澄に話しているので(⑤二五頁)、単独行ではなく案内人がついていた。

『高松日記』(⑤一一～一九頁)は、文化一一年(一八一四)秋九月五日、雄勝郡の板戸村の曽我吉右衛門という七〇歳になる翁を案内に頼んで山路を分け入り、高松荘を探訪したときの日記である。坊沢、三津川、水飲沢、切リ路《みち》、焼山、幸左衛門湯、河原毛温泉を歩き、石硫黄をつくる長の家に泊まった。六日、三津川から来た高橋甚太郎が案内し、中野津、賽ノ川原、笹森山の麓で別れた。その後、苗代沢から泥湯温泉(新湯《いまゆ》)、祁多久良《けたくら》沼、螺沼を経て上新田の藤原藤八の家に宿を借りた。翌日は疲れたのでこの家にとどまり、八日に板戸村に戻り三浦氏のもとについた。この日記には当時の温泉場の光景が活写されているのがありがたい。

この二つの日記も、『月迺遠呂智泥』以下の五作品と同性格の日記体地誌とみなしてよく、文化一一年当時に書かれたものと考えられる。さらにもうひとつ、第一〇巻（随筆）に収載された『はなのしぬのめ』（⑩三六一〜三六九頁）についてである。「しぬのめ」（東雲）は「しの、め」とも題され、文化一二年のことと明らかにされている（解題、⑩五四六頁）。久保田に来て一〇日ほど山本某の家に宿していた真澄が、三月中旬、道案内に童一人を連れて武家屋敷が並ぶ山の壇《テ》（手）の桜をみたく思って出かけたときの、歩いた道順にしたがって書いた日記というべきものである。佐竹義隆の「うば庫《グラ》」（米蔵）の由来、大野家市女《オホノノイチメ》、吉野桜、花市のことなどの記事に興味がひかれる。記述の形式からいえば、どこまで『花の出羽路』を意識していたのかはわからないが、当時の他の日記と変わらないので、一連の作品群にこの『はなのしぬのめ』も加えてよいかと思われる。

文化一二年（一八一五）七月の藩主佐竹義宜の急死によって、真澄の地誌への情熱が結実せずに終わったとされる（解題。⑤四五一頁）。その点には立ち入る用意はないが、中断後の再開された地誌からは日記体形式がほとんどみられなくなる。しかし、例外がある。『月の出羽路』仙北郡は文政九年（一八二六）五月二九日のはしがきをもって書き始められたが、その巻一に入っている「面日日記《オモニチニキ》」は「此六月《ミナヅキノ》十三日《ナカアマリミカ》の日《ヒ》」に、下荒川の旅館《ヤド》を出て、上荒川村、木仏《キボトケ》村、横道村を経て面日村に入ったときのもので、日記体地誌を思い起したような書きかたである。この六月が文政九年を指すのかは判断しがたいが、詣でた玉宮には文化一四年の棟札があるというから、文化一〇年（一八一三）前後の初期地誌の試みとすることはできない。どこか諦めきれない日記体地誌への思い入れが真澄の心の奥底にあったのではないか（⑦三〇〜三三頁）。

文化八年から同一二年にかけての、『月迺遠呂智泥』より『はなのしぬのめ』に至る一連の作品群を、地誌（秋田藩領の六郡誌）を明確に意識して書き始めたという点で、それ以前の日記（遊覧記）と区別して扱うべきであるというのが、ここでの主張である。記述のしかた、内容がそれ以前とどれだけ違うのかといえば、明確な線引きができないのが実際である。ただ、前述の内田の指摘とも重なるが、およそ次のようなことがいえるのではないか。

すなわち、地域を限って、一日もしくは、せいぜい三、四日程度の探訪・踏査であって、道筋に沿い、地名、寺院、堂社、石仏、古跡、旧家、習俗、景勝、眺望など、行程で見聞きした諸々について記そうとし、それに随伴した故由や物語を示して、その風土に刻まれた人々の歴史を明らかにしようというところに目的があった。一連の日記体地誌のなかでも『水ノ面影』などはそのさい、その土地をよく知る同行者や案内者がおり、また宿の亭主や訪ねた先で出会った古老たちがおり、そうした人たちの談話がなくては書くことのできないものだったことはきちんとみておく必要がある。

そして真澄が持っている古歌や史書などの文献知識や、それまでの旅で蓄積してきた見聞知識を総動員して、土地の物語を紡ぎ整えようとしたということになろう。内容的にはそれまで書いてきた日記（遊覧記）の手法と異なるものではなく、『花の出羽路の目』（仮題）に試みがわずかながらみられるものの、郡・村ごとに項目立てて書いていく形式にはまだほど遠かった。いわゆる地誌と呼ぶにはためらわれる、極端化していえば、「六郡誌」の構想という点において、それ以前と区別して日記体地誌として位置づけられる、というまでのことであった。

再開後の『雪の出羽路雄勝郡』以降の地誌は、先行する秋田藩の享保期になった『六郡郡邑記』をかなり意識して編集され、項目立ても整えられていくが、それとの比較で、日記体地誌の試みが、なにか移行的で未成熟なものと捉えてしまってよいものかという疑問が生ずる。私たちが知る地誌、郷村誌のたぐいは、記述者の主観が消し去られた、項目立ての客観的なデータ・要覧へと向かっていく。それとしての必要は認められるが、何かが失われている。観察者（記述者）が現場（地域）に足を踏み入れ、見聞きして記録していくルポルタージュ的手法が、時間軸に沿って書かれていく日記スタイルとして、真澄の場合、かなりの程度成功しているのではないか。ここでは、そうした日記体地誌の可能性を論じたかったのである。

真澄の擬古文体や文献引用に多少辟易するところもあるが、それはともかく、蝦夷語（アイヌ語）地名への執着、あるいは鍵掛など山村習俗への強い思い、そしてなにより物語への意欲など、個性的な関心が表面に現れ、読み手の興味を引くのである。ただし、真澄のその後の郡村の項目体地誌においても、そうした個性が失われていくわけでなかった。そのことには十分注意しておきたい。

第八章　真澄の地誌と『郡邑記』――消えた村への関心

1　参照としての『郡邑記』

菅江真澄の晩年における情熱は佐竹氏が支配する出羽国の雄勝・平鹿・仙北・河辺・秋田・山本の六郡の地誌を雪月花三部作として編むことにあった。真澄は当初、それまでの遊覧記を踏襲した日記体地誌を構想したが、中断の時期を経た再開後においては、日記体を離れて事項ごとに記述するスタイルを採用した。それは『雪の出羽路雄勝郡』（増補したものが全集に収録）に始まって、『雪の出羽路平鹿郡』『月の出羽路仙北郡』へと展開していくのであるが、真澄の死によって全体が完成することなく終わった。作業を継承する者がいなかったのである。

真澄の廻村調査・編纂活動にあたっては秋田藩の支援や地元の人たちの協力が欠かせなかった。そのことは内田武志の解題など先行研究に委ねることとし、ここでは真澄の地誌自体の内容上の特徴について考えてみたい。対象とするのは、日記体のものは除いた、いわゆる地誌形式の『増補雪の出羽路雄勝郡』『雪の出羽路平鹿郡』『月の出羽路仙北郡』の三郡地誌である（以下、これらをまとめていうときは三郡地誌とする）。真澄自身は地誌あるいは風土記といった言葉を用いているわけではないが、郡村誌という意味あいにおいて地誌と捉えて差支えないだろう。

三郡地誌が、もっともよく参照した秋田藩関係の地誌は、『郡邑記』と真澄が記しているものである。『雪の出羽路平鹿郡』壱巻の「平鹿郡」の序文で、「またこゝにいふ」として雪月花三部作の名づけについて記しているが、そこで「巻中に郡邑記とあるは、岡見氏、青竜堂老人《ノオキナ》の編集也。そはみな享保の時世にて、そのむかしとは聊事かはれる処々あり」と、とくに岡見編『郡邑記』をあげて、『郡邑記』の昔と真澄編集当時を比べると変化しているとし、また文字や仮名の使用でもいろいろと違っているところがあり、それについて糺し、「古名」を探ったと、読者に注意を促している（⑥一三頁、『比良加の美多可』⑧四三三頁にも同文あり）。

また、同巻最初の角間川村のところでも、「郡邑記に…云々と見えたり」と『郡邑記』から引用したあとに、「是《コ》は享保十五年の記録《ニキ》にてはや百年《モヽトセ》も近ければ、今し世とはいさゝかことなる事も多し。さりけれど此記録《フミ》を式《ノリ》とするにいと正《マサ》しかりき」（⑥一四〜一五頁）と記して、『郡邑記』に基準として参照すべき価値を認め、この百年近くの間における変化、異同に関心を示しているのがうかがわれる。なお、ここで「記録」に「ニキ」、「フミ」という読みを与えていることに注意しておきたい。

『雪の出羽路平鹿郡』以前の『増補雪の出羽路雄勝郡』においても、聖箇沢村「郡邑記に松岡の支郷と記せり、今は桐畠に属《たぐ》ふといへり」（⑤三六頁）、下保戸岡「郡邑記に享保十五年庚戌春まで二戸ありて松岡の枝村たりしよし見えたれど桐畑の支郷也、今は絶て壱戸もなし」（⑤四二頁）などと引かれているので、すでに『郡邑記』の記事を引用し、それと比べて何が変わったか、異なっているかに着目している点で同様である。三郡地誌より前の日記体地誌には『郡邑記』は引用されていないので、これだけでも日記体地誌との差は歴然としている。

真澄が記す『郡邑記』とは、青龍堂岡見知愛が享保一五年（一七三〇）に編纂した『六郡郡邑記』（『享保郡邑記』ともいう）のことである（『新秋田叢書』第四巻、歴史図書社、一九七一年）。この新秋田叢書所収本（写本）は菅江真澄本人が所持し使っていたものともいわれてきた（同前書解題）。『郡邑記』の成立事情について、岡見知愛の実地調査によるものとする通説を批判した柴田次雄によれば、秋田藩が享保七〜一五年、郷村調査を代官に命じて、その代官からの報告文書『御代官帳』が原史料という。後年（寛保三〈一七四三〉年以降）、そこから知愛が抜き書きして編み、さらに菅江真澄によって『六郡郡邑記』と題されたのであった（柴田次男「『六郡郡邑記』の再発見—二百七十年間続いた誤解を解く—」、柴田次雄編『校訂解題久保田領郡邑記』無明舎出版、二〇〇四年）。とすると知愛が享保一五年に編集したというのは誤りであるが、享保一五年完成時点（厳密にはそれより遡って同七年以降の調査時点）での事情を示すという点においては変わりがない。

真澄は『郡邑記』と記すのが一般的であるが、ほかにも『郡村記』（⑤四五頁など）、『享保日記』（⑥六六頁など）、『享保郡邑記』（⑥三九五頁など）、『享保十五年ノ日記』（⑦三七頁）と、まちまちに記している。「日記」としているのは、前述のように「記録」も「ニキ」であったからである。

2　廃村（敗村）となった村

『郡邑記』は、村・支（枝）村の家数、開発、境、古城（城主）、旧跡、市日、寺社などについて簡潔に記し、わけても村・支村の村名と家数を網羅的に記している。真澄はこれらの記事を必要に応じて引用し、村名の変化、家数の増減などを示しているが、ここでは『郡邑記』に記載があって、真澄の文政期（一八一八〜三〇、一部はその前の文化期）の調査段階では消えてしまった村（支村《えだ》・枝村）を取り上げて検討してみようと思う。そうした村は、潰れる、廃村《ツブレ》る、禿、絶える、敗頽《タエ》る、破壊《タエハ》て、敗村、敗邑《イエナシ》、退転、などさまざまに表現しているのが真澄の特徴である。その語感を大切にしたいと思うが、読みやすさを考えると、なかなか扱いが厄介な真澄の表現である。

雄勝・平鹿・仙北三郡の地誌より一戸（軒）もなくなった潰れた支（枝）村をあげてみよう。カッコ内には享保時（『郡邑記』）など以前の戸（軒）数、および支村が属する郷名・村名を示しておいた。不統一であるが、戸・軒や村・邑、ルビなど、原文を生かしている。

〈雪の出羽路・雄勝郡〉

下保戸岡（二戸、松岡郷〈切畑郷〉⑤四二頁）、加上畑《カヂヤウ》村（一戸、切畑郷⑤四八頁）、中島（高松村支郷久禰《くなひ》内村⑤六〇頁）、下村・あら屋敷（高松村支郷中屋敷村⑤六〇頁）、岸箇沢村（二戸、相河郷⑤七三頁）、田河田《たかうた》村（桑箇埼ノ郷⑤八五頁）、城ゥ内チ村（桑箇埼ノ郷⑤八八頁）、谷地村（飯田村⑤九六頁）、谷地（稲庭ノ郷⑤一〇六頁）、野中（二戸、稲庭郷⑤一一二頁）、日照田村（二戸、稲庭ノ郷⑤一一二頁）、弾正畑村（畠等ノ郷⑤一三九頁）、寺沢の名（寺ノ沢・上ノ沢・清水ノ坊など、関口郷本内村⑤一五〇頁）、十里塚（二戸、関口郷本内村⑤一五〇頁）、久保村（泉沢村⑤一五六〜一五七頁）、羽場村（泉沢村⑤一五七頁）、千刈田・雪車田・堀ノ内・道冲屋鋪・水沢新田（寺沢ノ荘⑤二一二頁）、稲荷林（寺沢ノ荘⑤二一二頁）、田尻《たのしり》・福田・川原・下《した》谷地・上《うは》谷地・張山・矢倉家鋪・山岸・野村・小淵箇沢（以上一〇村、中村⑤二一五頁）、清水（河井村⑤二二〇頁）、檜山が沢（家二〜三、役内村大代《おほだい》⑤二二六頁）

これらのうち廃村事情がわかるものについて、その理由・年代・移住先を中心に補足しておこう。中屋敷村のうち、あら屋敷は天明の頃までにみな絶えたという（⑤六〇頁）。岸箇沢村は宝永（一七〇四〜一一)、正徳(一七一一~一六)の頃までは軒を並べて住んでいたがみな絶え、享保の末(一七三五頃)には二戸になり、これも本郷の外ノ目に移り、それが久左衛門・惣兵衛という家である(⑤七三頁)。田河田村は洪水で流れ失せた(⑤八五頁)。城ゥ内ﾁ村は天明の末(一七八八頃)、寛政の初め(一七八九頃)まで家があった(⑤八八頁)。野中は、「村民の物語」に、安永の初め(一七七二頃)まで九兵衛・又右衛門の二戸があったが、皆瀬川の洪水によって岸が崩れて田畠も押し流れてしまったものだった(⑤一一二頁)。

日照田村にはむかし佐渡という「大福長者」がいた跡があり「佐渡屋敷、長者第《やしき》」といっている。また、近き世であったか半三郎という「貧乏《まちびと》」もいたが、その第跡に寒泉があり半三清水あるいは日照清水と呼んでいる(⑤一二二頁)。弾正畑村は寛政五年(一七九三)まであったが、下村に移ったという(⑤一三九頁)。寺沢は東の山根に家が多くあったが、寛文元年(一六六一)御膳川(雄物川)洪水で、下関山根村に移ったという(⑤一五〇頁)。清水村は宝暦五年(一七五五)七月三日の洪水で押し流されて川原となり、高橋徳右衛門の家では上祖より鞍、鐙、太刀など武士の調度など持ち伝えていたが流失し、磯(礒)村に移り住んでいる(⑤二二〇頁)。檜山が沢の人は大代村に移り住んだという(⑤二二六頁)。

〈雪の出羽路・平鹿郡〉

新町(角間川村⑥一五頁)、横山村(一戸、黒川村⑥二四頁)、小沢・小水沢(板井田村⑥二五頁)、兵部沢村(沼館村⑥三六頁)、南田・作《サク》野瀬村(今宿村⑥五九頁)、中嶋舟場《フナバ》・下深井(深井村⑥七四~七五頁)、船場(一軒、阿気村⑥二二二頁)、石持(九軒、阿気村⑥二二三頁)、せゝなぎ(平柳村⑥二三七頁)、中嶋(一〇軒、宮田村⑥二三七頁)、下三ツ栗(下境村⑥二四三頁)、福嶋・長沼・小治郎小屋(下境村⑥二四九頁)、押シ切リ(七軒、下境村⑥二四九頁)、釜蓋(六軒、田村⑥二五九頁)、四屋村(四軒、桜森村⑥二六九頁)、釜蓋村(四軒、塚堀村⑥二七〇頁)、中村(四戸)・寺田村(一軒)・田中村(六軒)・堰合村（一軒、以上下八町《（丁）》村⑥二七四頁）、下村・下赤川（五軒、赤川村⑥二七六頁）、岩野沢（六軒、猪岡村⑥二七六頁）、下中野村（浅舞村⑥二七九頁、⑥二九四頁）、諏訪小路町・八幡小路（浅舞村⑥二八五頁）、本《モト》新平川村（三軒、浅舞村⑥二九六頁）、治兵衛村（砂子田村⑥三〇〇頁）、河前村（一〇軒）・館・都町（五〜六軒、以上下鍋倉村⑥三〇三頁）、三ツ屋村・四屋村（六軒）・上村（四軒、以上十五野新田村⑥三〇六頁）、石河原村（九軒）・下河原村（五軒、以上与作村⑥三〇八頁）、高口（四戸）・田中（三戸）・堀米（四戸）・福嶋（六戸、以上植田邑⑥三一四頁・⑥三二一頁）、真角《マカク》・下今泉・一関（今泉村⑥三三〇〜三三一頁）、三ツ村（八軒、源田左馬村⑥三四一頁）、後レ村（六軒、木下《キシタ》村⑥三四一頁）、藤左衛門村（三戸、増田村⑥三四九頁）、倉狩沢村（上亀田村⑥三八二頁）、館屋鋪村（四軒）・下《シモノ》町村（一軒）・沢口村（七軒、以上明沢村⑥三八六頁）、佐馬村（御公地《ゴクチ》のことか、醍醐村⑥三九五頁）、下村（二軒、梨木羽場村⑥三九七頁）、明沢村（四軒）・大橋村（三軒、以上石成村⑥四〇〇頁）、礼塚・柳田（新藤柳田村⑥四二三頁）、五百苅村（四軒、外ノ目村⑥四二四頁）、野中（三軒）・茅《ツバナ》やしき（二軒）・五拾田ン（三軒）、田中村（四軒、以上吉田村⑥四三五頁）、松館（上樋口村⑥四四〇頁）、日渡村（三軒、安田邑⑥四五九頁）、畚《フゴ》小屋民家（七軒、静町村⑥四六七頁）、谷地中村（八軒、上八丁邑⑥四六八頁）、太田ノ上ノ村（五戸、上堺村枝郷館村⑥四七一頁）、大鳥居山村（三軒、関根村⑥四七六〜四七七頁）、中川原村（四軒）・平城村（一軒、以上三原新田村⑥四七八頁）、七日市村（見入野新田邑⑥四八一頁）、祖父ケ台・一野坂・板屋比良（板屋平ラ五戸、以上大松川郷⑥五九〇頁・六四三頁）

真澄は廃村に傍線あるいは小丸をつけて区別している箇所もみられる（小丸を真澄は「円点」と呼んでいる、⑥三一四頁）。角間川新町は「落窪《オチクボ》」の地で水の「憂患《ウレヒ》」が多く、享和の洪水で河曲《カクマ》川（内川）が溢れて「栖家」が危うくなったので、みな異町に移った（⑥一五頁）。兵部沢村は元禄元年（一六八八）

に禿村となったという（⑥三六頁）。南田は寛保（一七四一～四四）、延享（一七四四～四八）の頃までは家居あり、その村で生まれたという老人《オユ》の間兵衛は文政五年（一八二二）九六歳で死んだ。作野瀬村には寛文一一年（一六七一）の頃まで江戸塚弥惣という者が住んでいたと「田記《タブミ》」にみえる（⑥五九頁）。中嶋舟場は洪水の時に本郷《オヤムラ》に移った（⑥七四～七五頁）。船場はここより中島に人が移住したか（⑥二二頁）。下三ツ栗には三光院という修験があったが元文（一七三六～四一）の頃疫病がはやり死にうせた（⑥二四三頁）。

釜蓋（田村）は物語に寛政初めまであったという（⑥二五九頁）。本新平川村はみな蛭野村に移った（⑥二九六頁）。河前村は元禄年中（一六八八～一七〇四）潰れた（⑥三〇三頁）。三ツ屋村（十五野新田村）は元禄年中に潰れた（⑥三〇六頁）。石河原・下河原の二村は皆瀬川の端《ヘタ》にあって絶えた（⑥三〇八頁）。真角・下今泉・一関は川岸で、宝永末（一七一〇頃）、正徳初め（一七一一頃）に絶えた（⑥三三〇～三三一頁）。藤左衛門村には開発者藤左衛門始め九郎左衛門・清八の家があったが、平鹿村に移った（⑥三四九頁）。下村は元文（一七三六～四一）、寛保（一七四一～四四）の頃まであったが絶えた（⑥三九七頁）。礼塚は宝永七年（一七一〇）に本郷に移った（新藤柳田村⑥四二三頁）。野中～田中村は享保の末（一七三五）頃であろうか絶えた（⑥四三五頁）。松館は正保四年（一六四七）頃になくなった（⑥四四〇頁）、日渡村は天明三、四年（一七八三・八四）の「卯辰ノ両歳ノ飢饉」で潰れた（⑥四五九頁）。七日市村は「寅卯」（享保七・八年〈一七二二・二三〉あるいはそれ以前の寅卯か）の不作で立ち退いた（⑥四八一頁）。板屋平ラ村は天明三、四年に人が去った（⑥六四三頁）。

〈月の出羽路・仙北郡〉

一ノ沢邑（二軒）・外ノ沢（袖野沢邑三軒、以上中淀川邑⑦三六～三七頁）、宮田（一戸）・山屋（山谷、四戸）・二ノ台（七軒、以上下モ淀川邑⑦四七・四九頁）、関田（二戸、小杉山村⑦一二四頁）、鶴谷地（二戸）・井ノ口（一戸、以上半導寺邑⑦一三五頁）、狐堂袋村（北楢岡邑⑦一四二頁）、荒瀬・舟橋・坊田・猿倉・十二ケ沢（南楢岡邑⑦一四五頁）、熊野沢《クマノサワ》（三軒）・黒滝（一軒）・上ミ荒沢（一戸）・真方《マガタ》ノ沢《サハ》（一軒、以上外小友《ソデヲトモ》邑⑦一六四・一六六〜一六八頁）、長山村（五軒）・荒屋村・荒床村（六軒）・横町村（二、三軒）・二子沢村（五軒、以上神宮寺邑⑦一九九〜二〇〇頁、二三四・二三六〜二三九頁）、古河村（三軒）・井戸関村（二軒）・萩代《ハギダイ》村・殿屋敷村・鳥場《トヤバ》村（以上、高関下郷邑⑦二四二頁）、浅川村（三戸）・前田橋村（一四戸）・余ル目村（五戸、以上内小友村⑦二八六頁）、四ッ屋（三軒、中田新田邑⑦二八八頁）、焼石村（一軒、宮林新田邑⑦二九〇頁）、竹原・大久保・小又《コマタ》・下袋（四ッ屋邑⑦二九二〜二九四頁）、小《コ》中谷地《ナカヤチ》（もと麻《ヲ》中《ナカ》谷地一戸、新谷地《ニヒヤチ》邑⑦二九五頁）、法長《ホウナガ》村（一軒）・佐戸村（一軒、以上東ノ川邑⑦三二二頁）、七ッ小屋（小貫高畑《ヲヌキタカバタケ》邑⑦三二六頁）、耳取《ミヽトリ》（三〜四戸、金沢西根邑⑦三三四頁）、田中（一軒、金沢東根村⑦四三九頁）、柳原（家一軒、安城寺村⑦四四二頁）、耳取（二軒、天神堂村⑦四四八頁）、上谷地中（二軒）・下谷地中（一軒、以上金沢新西根邑⑧二六頁）、荒屋敷村（五軒）・橋本・河原窪田など（金沢寺田邑⑧四四頁）、地名四六ヶ所のうち敗村多し（高梨村⑧九五頁）、内巻村（堀見内村⑧一〇二頁）、上館村・十二村（土崎邑⑧一二四頁）、釜淵（鎌洲、千屋邑⑧一二六頁）、ざぶ〱村（一戸、大阪新田邑⑧一三五頁）、谷地中村・田中村（横沢邑⑧一三八頁）、豆田（一戸、中里邑⑧一四三頁）、若狭《ワカサ》野（柏木新田村⑧一八一頁）、今ある枝郷はその昔とは異なる（椿村⑧二〇五頁）、高八卦（上鶯野村⑧二二〇頁）、風無シ（遠藤野村⑧二二三頁）、矢野・鍛冶家舗（鑓見内本郷村⑧二四二頁）、万願寺村（鑓見内沖村⑧二五〇頁）、昔とは文字の書様など異なる（野口村⑧二五二頁）、今ある枝郷異なる（黒土村⑧二五八頁）、後ロ村（金鐙村⑧二六〇頁）、今ある枝郷昔と異なる（釣田新田村⑧二九三頁）　＊野口村あたりより廃村記載省略されるようになるか。
一ノ沢村は寛延（一七四八～五一）の年に絶え果てた。外ノ沢は享保の半ば頃（一七二五頃）仙尺村より移ってきたが今は絶えた（⑦三六～三七頁）。宮田には今雅樂丞《コムノウタノジョウ》・雅樂ノ介という人がいたが、河原村に移った（⑦四七頁）。山屋（山谷）の人はみな馬場邑に移った（⑦四九頁）。二ノ台はみな麓の太田に移った（⑦四九頁）。鶴谷地には菅原藤兵衛・菅原金助の家があったが、其町邑《ソノマチ》に移った。井ノ口には嶋野多右ヱ門という家があった（⑦一三五頁）。狐堂袋村の高塙《タカハナ》稲荷明神は廃村により高花《タカハナ》に遷った（⑦一四二頁）。荒瀬には舟守の小屋のみあり、坊田には不動坊という山伏が住んでいた（⑦一四五頁）。

真澄は神宮寺村の本郷・枝郷については、他の村よりも詳細にその変遷を記している。廃村のみならず、存続した枝村も少なからず変動があるので、その参考例として紹介しておこう。

本郷（真澄調査時、一九一軒）には他国隣郡より引っ越しの者が多く、明和年中（一七六四～七二）より安永年中（一七七二～八一）まで度々洪水、とくに安永六年（一七七七）大洪水で川欠になり新屋敷を拝領した（新地・新丁・新道などという、⑦二三二頁）。金葛村（二二軒）は喜承《（ママ）》年中に小杉山より分郷といい、元和年中（一六一五～二四）、渋江内膳指紙所を常州水戸から引っ越しの加賀が世話して開田、延宝八年（一六八〇）頃より御上の直開田となった（⑦二三三頁）。関口村（一二軒）は喜承《（ママ）》年中後に始まる（⑦二三四頁）。長山村はいつ始まったか年号が知られず、明和年中（一七六四～七二）に絶村となった。甚太郎という旧家はいま蒲村に住居、また善吉はいま本郷神宮寺村へ引っ越している（⑦二三四頁）。蒲村（三二軒）には茂左衛門・三右衛門という古い家があったが、正徳年中（一七一一～一六）に断絶した（⑦二三五頁）。

宮田村は元文年中（一七三六～四一）に敗村となったが、文化一〇年（一八一三）に福嶋村弥十郎が引っ越してきて「再開村」となり、いまは家数三軒となる（⑦二三五頁）。福島村（一八軒）は蒲村より後に始まったが、小右衛門という旧家は断絶した（⑦二三五頁）。大浦村（一六軒）は寛永一六年（一六三九）に始まった（⑦二三六頁）。荒屋村は延宝四年（一六七六）頃には敗村とみえ、百姓七郎右衛門は万治年中（一六五八～六一）に北楢岡郷へ引っ越し、また本郷にも三、四軒引っ越した（⑦二三六頁）。下大浦村（六軒）は文政三年（一八二〇）に宇留井谷地村百姓が引っ越してきて始まった（⑦二三六頁）。二子沢村は享保年中（一七一六～三六）以後敗村となり、寛政年中（一七八九～一八〇一）に再び村を立てたが、田地悪所のためか享和二年（一八〇二）の頃よりまた敗村となった。与作という旧家は、今は福嶋村に住居している（⑦二三七頁）。八石村（二一軒）は元和元年（一六一五）に孫右衛門が引っ越してきて始まる（⑦二三七頁）。

遠月村（七軒）は寛文六年（一六六六）に始まり、元祖市兵衛は元竜蔵寺殿の家人というが絶転、同じく竜蔵寺殿の臣家という旧家小兵衛は安永六年（一七七七）の洪水で「古き書」を流す。先年大飢饉の時（天明飢饉を指していよう）に家数六軒あったが走り去り、小兵衛のみ残るという。今は七軒になり、みな小兵衛の「類葉」の家である（⑦二三八頁）。横町村は往昔二、三軒あったが、延宝四年（一六七六）には敗村となる。いま宇留井谷地村の権兵衛は元竜蔵寺殿家人であったといい、ここに住んでいた。横町はいにしえ竜蔵寺殿の家人がいたところと「老人」たちが申し伝えていた（⑦二三八頁）。宇留井谷地村（三一軒）は寛文八年（一六六八）に始まり、元祖は善兵衛という（⑦二三九頁）。荒床村は明和年中（一七六四～七二）に敗村となった（⑦二三九頁）。

旧家であっても断絶、あるいは家貧となり、いま「古き書」（古文書）を所持する百姓がいないと書かれている枝村も多く、老人などの言い伝えに拠った記述もみられる。以上が神宮寺村についてである。

井戸関村は大曲に移った千助の後胤《スエ》総左ヱ門が富貴主《トミウド》となっている。萩代村・殿屋敷村はともに花立に移った。鳥場村も万治（一六五八～六一）、寛文（一六六一～七三）の頃花館に移住した（⑦二四二頁）。小中谷地村は天明年中（一七八一～八九）まで家一戸あった（⑦二九五頁）。内巻村は寅年（いつか不明）に本郷へ移った（⑧一〇二頁）。谷地中村・田中村はともに本郷へ移った（⑧一三八頁）。

以上あげたほかに、神宮寺村の枝村にみられたように、一度潰れながら再興している村もある。由田《ユデム》村は享保以前に絶えたが、近き頃よりか一戸あり（中淀川邑⑦四二頁）、深山（宮間）村は延宝（一六七三～八一）・天和（一六八一～八四）の頃に始まり、福田村に移って中頃に絶えたものの、今また人が住み三戸あり（内小友邑⑦二七四頁）、といった例である。また、強首邑枝郷乙越村では子越沢田《ネコシサハダ》を新墾《ニヒバリ》したとき、人の白骨《シラホネ》や古銭などを掘り出し、昔ここに人が住んでいたと村民《トコロビト》が語っていた（⑦六六頁）。伝承にも残っていない断絶した村であった。

3　廃村となった事情

真澄は秋田藩の村落社会をどのように理解していたのだろうか。『増補雪の出羽路雄勝郡』のうち「稲庭ノ郷」の「稲庭村」のところで、次のように述べている。

この稲庭といふは惣名也、それに属《たぐふ》村々あり、村々に朶村あり、枝邑にまた小村あり、小村にもまた田字あり、二三四戸家ある村はこゝかしこに囲碁のうち乱れたるがごとにていよのゆげたのたど〳〵し。（⑤一〇七～一〇八頁）。

これによると、郡―郷（惣名）―村（邑）―朶村（枝邑）―小村―田字という地名の重層関係として捉えられている。実際には郷と村が曖昧に使われているが、『享保郡邑記』を基本に置いていたのであろう。朶村という表記は真澄独自のもので、ふつうは枝村または支村と書く。このうち村が肝煎の置かれている行政単位（行政村）である。稲庭村の場合には、岩木村、級池《しないけ》村、野中の廃村、新屋敷村、鍛冶屋敷村、観音寺村、熊野堂村、新城村、沢口村、中台村、新町、中町駅、本町、三島村、麓村、日照田村、早坂村、新処《あらとこ》村、小沢村、下タ大谷ニ村、上ハ大谷村が立項され、新町・中町・本町の三町が市の立つ中心地で「本郷」と呼ばれ、他は枝村であった。稲庭村は枝村が一八もある大きな村ということになる。

真澄が詳しく記した前述の神宮寺村の場合も、神宮寺本郷のほかに一五の枝村のある同様の村であった。枝村のない村や少ない村も存在するが、稲庭村・神宮寺村のような例は珍しくない。このような二〜四戸の家が無秩序的に分散している状態を碁盤の石、あるいは湯桁がたくさんあるとして有名な伊予の道後温泉にたとえて真澄が捉えていたのであった。なぜこのように村によって違いが大きいのか、村の開発、成立事情がからんでいるに違いない。

『雪の出羽路平鹿郡』や『月の出羽路仙北郡』になると、各村の肝煎の名が前者では「里長」、後者では「里正」と記され、本郷《オヤムラ》（母郷《オヤムラ》・親郷・首郷）とそれに属する属村《ヨリムラ》（子郷《ヨリガウ》・寄郷・寄合郷）の村々が巻初に記されるようになる。秋田藩は農村支配の行政機構として親郷・寄郷という組合村を編成していたが、それに従ってのことであった。ほかに「荘」も使われているが、真澄の郷村認識についてはさらに子細な検討を必要としている。

さて、真澄が廃村・敗村などと表現して消えた村は前掲のようにリストアップしてみるとかなり多いという印象になろうか。ただ、行政村としての村が消えたということではなくて、いずれも一戸（軒）から数戸の、まれに一〇戸を超える例があるものの、枝村（支村）が潰れたものであった。村のなかには複数の枝村が消えてしまった例も珍しくなかった。
右の稲庭村の場合には枝村一八村のうち三村、神宮寺村の場合には枝村一五村のうち五村、他にも中村（雄勝郡）が枝村三四村のうち一〇村（⑤二一四～二一五頁）、植田邑（平鹿郡）が枝村一二村のうち四村（⑥三一四頁）、高関下郷村邑（仙北郡）が枝郷一四村のうち五村（⑦二四二頁）がそれぞれ廃村となっていた。むろん、心像村（仙北郡）のように「古来本《モト》郷ともに十村たりしが一郷《ヒトムラ》の廃村《タエタル》もなく、今は十四村といや増し繁栄《サカユク》村也」と（⑦一一三頁）、真澄が記した村がなかったわけではないが、そのようにわざわざ書いたのは、消えた枝村が一村のうちにはよくあるものだという真澄の受け止めを示しているのではなかろうか。

廃村の理由が気になるところであるが、最も多いのは洪水被害であったろうか。雄物川や皆瀬川などといった河川の氾濫によって家屋が押し流され、そのため住めなくなり立ち退きを余儀なくされたのである。改めて具体的に述べるのは控えるが、右にあげた田河田村、野中村、寺沢村、石河原村、清水村、角間川新町などがそうした例であった。洪水年も寛文元年（一六六一）、宝暦五年（一七五五）、安永六年（一七七七）、あるいは享和（一八〇一～〇四）の洪水などが記憶されてきた。

つぎに多いのは飢饉であろう。日渡村・板屋平ラ村のように天明三・四年（一七八三・八四）のいわゆる天明の飢饉を廃村の理由として明確にあげている例がある。天明（一七八一～八九）の頃、あるいは天明の末などとあるのも天明の飢饉が関係しているのだろう。元禄（一六八八～一七〇四）の廃村を伝えている村もあるが、元禄の飢饉の影響であろうか。板屋平ラ村や遠月村の場合には走り去りとあるので、飢えによる餓死というのではなかった。

洪水・飢饉のほかには、災害では疫病による死亡もあった。他村の開発や町場の生業に引き寄せられて移住した例などもあったことだろう。貨幣・商品経済の展開の影響まで真澄の眼中に入っていないが、農村荒廃という社会現象も視野に入れておかなくてはならない廃村の問題である。

いずれにしても、二、三戸から数戸程度の枝村の場合、それを存続させていくことは容易なことではなかったことを示している。真澄が「敗村」と潰れ村を表現したとき、困難に打ち勝てなかった無念さのようなものを込めているように思われるのだが、いかがであろうか。ここでは廃村だけに着目したが、神宮寺村の各枝村の真澄の記載をみればわかるように、洪水や飢饉の被害を受けて移転や戸数減を余儀なくされ、廃村を再興したもののまた潰れてしまうなど、それぞれに困難と向き合ってきたことがわかる。村の草分けのような旧家であっても落ちぶれ、あるいは死に絶えてしまい、古文書など失われてしまうことも往々にしてあったとみなければならない。

そして、もう一つ考えさせられるのは、移動の少ない固定的な近世農村のイメージは、完全に間違ってはいないにしても正しくはないということであろう。真澄はどこの村へ移り住んだのかということも書きとめている。動態的なイメージのなかにおいて農村社会もみていかなければならないのである。

真澄の三郡地誌は、名所・旧跡とそれにまつわる物語、村の草創・開発、寺社の由来や斎主、雨乞いと用水堰、飢饉とその再興、旧家の来歴など、いろいろと関心を抱かせる事柄に満ち満ちている。そのさい土地の「古老《オユ》」たちの語る伝承・物語が多く取り入れられているのであった。いまは果たせないが、日記（遊覧記）のみならず、地誌の面白さも伝えていかなくてはと思った次第である。

第九章　菅江真澄の著作と学問について

1　真澄の著作

(1) 真澄の関心領域

三河に生まれた菅江真澄（一七五四頃〜一八二九）は、三〇歳の頃に旅立ち、信濃、出羽、陸奥、松前、蝦夷地を歩き続け、晩年は久保田に居を定めながらも秋田領内を巡り地誌の編纂に精魂を傾けた。旅と出会いのなかに生きた「遊歴文人」であったのは何びとでも認めるところであろう。秋田藩明徳館に献納されたその旅日記の類は「菅江真澄遊覧記」と呼ばれ、真澄の代表的な作品として知られている。平凡社（東洋文庫）から内田武志・宮本常一編訳で同名本の現代語訳が出たこともあってよく読まれてきた。真澄といえば「遊覧記」、そこから民俗の観察者・記録者というイメージが引き出されてきた。

だが、真澄が書いたものを網羅的に収録した内田・宮本編『菅江真澄全集』全一二巻・別巻一（未来社刊、一九七一〜八一）をみれば、「遊覧記」にとどまらず、菅江真澄が一生に書き残した分量の多さは一目瞭然である。失われた作品や草稿がたくさんあったから、恐るべき執筆量であったのは間違いない。様式別に分類してみると、第一・旅日記（紀行）、第二・地誌、第三・随筆、第四・図絵、第五・その他

（短冊・断簡・書翰など）の五つにおおむね分けることができる。関心の領域も、和歌、言葉、地名、伝説、宗教、芸能、民謡、年中行事、習俗、民具、技術、考古、本草、医薬、鉱物など、多岐にわたっている。今風には博物学というのが一番近そうであるが、それでは狭くなってしまうほどに、各方面に知識欲の旺盛な人だった。「遊覧記」とともにある民俗学の先駆という真澄の評価はそれほど間違っているとは思わないが、そう規定してしまうことによって、たとえば生涯歌人として生きたこと、あるいは晩年の文献考証家といった別な側面などがみえなくなってしまう恐れがある。一度、真澄のできあがったイメージを解体・再構築してみる作業が必要なゆえんである。ここでは十分に果たせないが、さしあたり真澄が残した著作を右の分類にしたがって概観し、真澄の教養・学問を全体として把握することに努めてみようと思う。

（2）旅日記（紀行）

第一の、ふつう「遊覧記」として知られている旅日記はより正確には紀行文体日記と呼ぶべきであろうが、真澄自身の旅の行程に合わせて、日々見聞したことや体験したことを和歌・挿絵を交えて書いたもので、信濃、陸奥、出羽、松前、蝦夷地の旅日記が残されている。未発見、あるいは失われたものも少なくない。真澄の旅の目的は、たとえば「このひのもとにありとある、いそのかみふるきかんみやしろををがみめぐり、ぬさたいまつらばや」（『委寧能中路《いなのなかみち》』①一二頁）と述べているように[1]、古い歴史をもつ神社や名所旧跡を訪ねてみたいという願望に発していた。そのさい、探し訪ねて充足感を味わうというだけでなく、それぞれの土地の「ふり」「ならひ」「のり」「わざ」にとくに関心を寄せ、あるがままに記録しておこうという態度がふつうの人とは違っていた。日時と場所、さらには誰によって語られたかが客観主義的に記されていることによって、それらの記述は近世後期の北日本地域における民俗（または民族）資料としての基準的価値を高めている。民俗学の祖、先駆として真澄が着目されてきたのはこの側面に拠るところが大きい。

むろん、真澄の日記を民俗誌・生活誌とのみ捉えていいわけではない。真澄が交流をもった人たちと詠みあった和歌の記録、歌日記としての性格をもっている。姨捨山の月見に信州本洗馬の友人たちと出かけた『わかこゝろ』、松前城下の和歌グループの歌会の記録となっている『智誌麼濃胆岨《ちしまのいそ》』、弘前藩重臣毛内茂粛《しげとし》夫妻らとの和歌の応酬を記す『津可呂《つがろ》の奥』などはそうした側面のほうが強く出ている。人の出会いと別れにさいしての歌の贈答、歌会における和歌を楽しむ作法、歌枕の場所を探し求めようとする執拗なこだわり、擬古文という文体の採用など、日記（紀行）自体が歌人であろうとする真澄の修行の足跡を示す作品群でもあった。信州滞在時の友人三溝《さみぞ》政員《まさかず》に、真澄（白井秀雄）が「越のうみ」や「陸奥の松島」など見廻り「古き歌の心をわきまへ新しきをもかひ求め」て故郷に帰りたいと旅の目的を語っていたように（『政員の日記』(2)）、和歌を極めることこそが真澄の本領発揮であった。真澄が詠んだ和歌に対する後世の評価はあまり芳しいものではなかったが、真澄自身の心象記録として埒外におくべきではなく、近世社会における和歌の文化史という観点からも読まれるべきものである。

（3）地誌

第二の地誌は真澄が秋田藩の久保田に居住する晩年になって力を注いだジャンルであった。秋田藩士の那珂通博《なかみちひろ》（儒学）や高階貞房《たかしなさだふさ》（国学）らとの出会いのなかで、日記から地誌へと、真澄の興味は明らかに重心移動した。日記というスタイルで時間軸に沿って記録してきた「くにぶり」（土地の習俗）は、むしろ地域という場の設定によって記述される地誌というスタイルのほうがよりふさわしいと考えるようになったからであろう。寛政の改革期（寛政〜文化期）は幕府を始めとして地誌の編纂熱が高まった時期である。真澄の地誌への意欲は藩主佐竹義和の内々の許可を得て、出羽六郡を『花の出羽路』（秋田・山本二郡）、『月の伊伝波遅』（河辺・仙北二郡）、『雪のいてはぢ』（雄勝・平鹿二郡）の雪月花三部作とする構想を立てたことに表れている。文化一〇年（一八一三）春、六〇歳の頃のことであった。秋田郡から雄勝郡に向かい調査を精力的に進めたが、同一二年七月の藩主義和の突然の死により意欲を喪失し、三部作は中断した。この段階のものは、最晩年に再び取り組まれた三部作と比べると、まだ日記・紀行の色彩を濃くとどめており、紀行体地誌とでもいうべき新たなスタイルの模索であった。日記から地誌への転換に苦闘する真澄の悩めるすがたといってよいであろう。

真澄は文政六年（一八二三）から翌年にかけ草稿のままであった『雪の出羽路平鹿郡』をまとめ直すと、それに続く地誌三部作の調査・執筆を再開した。平鹿郡を済ませ、仙北郡の調査もほぼ終えようという同一二年七月、真澄は旅先で死んだ。したがって三部作は完成することはなかったが、真澄の最晩年を燃焼させた取り組みとなった。地誌といっても、村々の現況を調べて記録するというより、古文献、寺社の由来、縁起、家の系譜、伝説、遺物など、古きを知ろうとする文献考証学的傾向が卓越している。それらが語る地域像が何なのか、その検討が必要であるが、そのため、同時代の地域行政にすぐに役立つというものではなかった。しかし、今日の歴史・文化研究という観点に立ってみれば大きな貢献となっている。縁起や伝説などは古くから語られてきたという虚構・捏造のうえに、時代によってずいぶんと作り変えられ変容していくものであるが、年代のはっきりしている真澄の記述を置いてみることによって、今では失われてしまった古い言説を確認することができ、言説・語りの変化の諸相を探ることも可能となってくるからである。

（4）随筆

第三の随筆も晩年の秋田時代に本格化した。文化八年（一八一一）に起筆され、文政七年（一八二四）に完了した大部な『布伝能麻迩万珥《ふでのまにまに》（筆随意）』全九巻が代表作である。その序文に「見し事聞し事どもを筆にまかせて書や」ったもので、「ことふみにある事どもをも思ひ出るまゝにかきそへぬれば、うち重れるところ〴〵もいと多」いと述べている（⑩一一頁）。この種の著作としては、『しのゝはぐさ』、『久宝《くぼ》田能《たの》おち穂』などがある。随筆という形式を採用したのは、日記や地誌では達成できない事項主義のメリットを感じたからであろう。近世の随筆は、たとえば『日本随筆大成』（吉川弘文館）の収録書をみればわかるように、さまざまな書物や見聞からの断片で構成され、さながら雑知識の集積のような趣がある。真澄の随筆もそれに倣ったものであるが、見聞中心の日記とは違って、一つひとつの事項について深く考えてみるのに適している。

秋田在住以前の、寛政元年（一七八九）の序文がある『かたゐ袋』は各事項にタイトルがつけられていないが、そうした随筆につながっていく断片記事集である。その後編部分はとくにアイヌの文化・習俗のほか、数少ないもののロシア、サンタンなど興味深い情報を記している。真澄の随筆には、清水や桜など、ある特定のテーマについて事例を集積した別のタイプもある。『花の真寒泉《ましみず》』や『さくらかり』がそういった作品である。また、臼曳唄・田植唄・船唄・木挽唄・盆踊唄などさまざまな民謡を集めた「ひなの一ふし」もこの種の随筆に含めてよいかもしれない。真澄には生涯抱き続けたテーマがあり、桜などへの興味は尽きなかったとみえ、日記、地誌、随筆を問わず書いていた。

秋田時代の『布伝能麻迩万珥』などの随筆では、傍証・例証のために数多くの文献が引用されている。前述の地誌にもあてはまるが、文献考証的な態度といってよい。秋田藩士の知遇を得て書物を借り、あるいは学館（明徳館）の蔵書を自由に閲覧できるようになったことが可能にした。むさぼるように読みあさり、書写した真澄のすがたが浮かんでくる。文献の利用は『日本書紀』・『続日本紀』『万葉集』などといった古典から、近世の『譚海《たんかい》』（津村正恭著）、『閑田随筆』（伴蒿蹊《ばんこうけい》著）などの随筆にいたるまで、各ジャンルにおよぶ。方言（クニコトバ）や地名などの語義を明らかにするために、とくに谷川士清《ことすが》の辞書『倭訓栞』の利用度が高かった。本居宣長の『玉勝間』や『古事記伝』からの引用もしばしばみられ、書写本『玉勝間拾珠抄』を残している。宣長の学問を強く意識していたことがうかがわれ、『布伝能麻迩万珥』などの執筆もあるいは宣長の代表的な随筆『玉勝間』が念頭にあったのかもしれない。真澄の『真隅雑抄』は尾崎雅嘉《まさよし》『群書一覧』から興味をもった書目を解説文とともに抜書きしたものである。国史、雑史、有職、伊勢物語、万葉集などに関する書目が多くあげられている。真澄がそれらの書物にどれだけ目を通したかはともかく、機会・暇さえあれば文献の渉猟を厭うような人ではなかった。第一の日記に書きとめた民俗事象を古文献によっても探し出し、その「いにしへぶり」を確認していくという、いわば民俗と文献の融合が『布伝能麻迩万珥』に代表される秋田時代の随筆の特徴になっており、真澄の学問の到達点をそこにみることもできる。文献を忌避する態度とは無縁である。

（5）図絵

第四の図絵としては、真澄が各地で写生した事物の絵をまとめた『粉本稿』『凡国異器《ぼんこくいき》』『凡国奇器』があげられる。『粉本稿』の序文には、「世にことなれるところ、ことなれるうつわ、ことなるためし」を写生し、これを故郷に持ち帰り画工に描いてもらうつもりであることが書かれている（⑨一三頁）。「粉本」とはそのような下書きの絵を意味してのことだった。また、ある特定の器物を描き集めた『百臼之図《ももうすのかた》』『鈴の図（仮題）』や、出土遺物の考古学的な関心から描かれた『埋没家屋（仮題）』、『新古祝甕品類之《しんこいわいべひんるいの》図《かた》』などがある。『百臼之図』における臼曳唄への関心が、民謡集『ひなの一ふし』の編集につながった。さらに秋田郡・河辺郡・雄勝郡の風景を描いた『勝地臨毫』は絵地誌と呼んでもいいものである。日記『ひろめかり』に収められた箱館近辺の昆布刈りのいくつもの挿絵も、真澄が「その見しをあらまし、ひろめにたづさはる具などをさへ、をよびなきふみてもて、ひたんにうつしぬ。みる人、をとがひをはなつべけん」（②八二頁）と述べているから、図絵集とみてもよい。

真澄はこうした単独の図絵集だけでなく、第一に取り上げた日記にも挿絵を多用していた。信濃時代の『委寧能中路』などにも挿絵が入っているが、内田武志によれば（①解題四八五〜四八六頁）、後年になって日記を改装したさいに所持の写生帳をもとに描いたもののようである。元来は日記と図絵が別々のものであったことになり、仙台藩滞在期の日記に挿絵がないこともその点を裏づける。天明八年（一七八七）、一度は断念した松前行きを決意して出発するが、その日記『委波氏迺夜麼《いわてのやま》』『率土《そと》か浜つたひ』から挿絵が多くなっているので、そのあたりから挿絵つきを意識的に始めたようである。その旅中でというより、松前に渡ってからの発想であったかもしれない。したがって、真澄の旅日記は文と歌、そして絵の三位一体の作品として読まれ、あるいは活用されるのが望ましいことになる。

それぞれの図絵には説明文がついている。場合によっては物の寸法まで測って記している。真澄の図絵は専門の絵師が描くような規範性・美意識が強いものではなく、素人的なスケッチであることが幸いしている。文字による記述態度と同じく、実際のままに描くことを心掛けていたように思われる。真澄は文字だけでは実物・実景を伝える難しさを感じており、図絵を活用することによって記録性を高めようとしたのであろう。しかも真澄は、図絵に甲・乙・丙…、阿・伊・宇…、などと図中の事物に番号をつけて、絵の余白に番号ごとに名称を記していた。澁澤敬三が主唱した『絵巻物による日本常民生活絵引』（旧版・

角川書店、新版・平凡社）の「絵引」に先行するような試みを真澄がすでにしていたことになる。この点については別稿（本書第六章）に述べたので参照されたい(3)。

（6）その他

上記のもののほか、和歌の短冊、断簡、書翰、書写本などが残されている。『菅江真澄全集』では雑纂として括られているもろもろの資料である。あるいは、秋田県立博物館の企画展図録『菅江真澄　没後百七十年記念遺墨資料展』（一九九八年）や、同館菅江真澄資料センターの機関誌『真澄研究』三号（一九九九年）所収の「展示図録補遺」に収録されている真澄の「遺墨」の類である。これらも真澄が地域の人々と交流を結んでいたかけがえのない証となっており、「遊覧記」ではわからない、真澄の行動の空白を埋めてくれる史料でもある。真澄の人物史研究、真澄像の再検討には必須というべきで、秋田県立博物館菅江真澄資料センターは意欲的にこの種の資料の収集と紹介に努めている。

日記、地誌、随筆、図絵には表現方法としてそれぞれの特性がある。真澄はそうした特性をよく知っていて、それらの記述・描写のスタイルを併用・駆使した。真澄は和歌という表現形式に始まって、さまざまな表現方法の果敢な挑戦者であった。それは、私たちが真澄の著作を利用して近世の生活文化史、民俗史を復元・再現しようとするとき、大きなメリットにもなっているのである。

2　学問の方法と批判

（1）くにぶり・いにしえぶりの発見―本居宣長との関わりで

菅江真澄の北日本の旅は古い歴史をもつ寺社や歌枕の地などを訪ねてみようというところから始まった。

旅先で出会った土地の人たちとの触れ合いのなかで、日常の暮らしを構成しているそれぞれの土地の「くにぶり」の違いが興味を引き、その「くにぶり」を深く見極めていくと、『万葉集』や『日本書紀』などに出てくる「いにしへ」のすがたが髣髴としてくる、そのような魅力に引き込まれていったのが、真澄を結果的に終生の旅の人にしたのである。

ただ、真澄がそのような関心を抱き、現今の民俗学と呼んでもいい分野を切り開いたのは、個人の独創的能力というばかりでなく、時代的な学問・思想潮流の影響を受けていたからでもある。真澄の時代は国学（古学）、考証学、本草・博物学がさかんになりかけた時期にあたり、地方や地域、民間へのまなざしがそのなかに確実に宿っていた。体制思想的な儒学も含めそのような流れのなかにあった。一八世紀の日本は構造的には経済社会化の進行と、それに伴う幕藩体制の支配システムの動揺が目立つようになり、さらにロシアを始めとする対外的危機意識が加わり、新たな学問・思想を生み出す基盤となったが、ここではその指摘にとどめておく。

田舎・地方への関心としては、本居宣長の『玉勝間』における言及が有名である。宣長は「ゐなかにいにしへの雅言《ミヤビゴト》の、これる事」（七の巻）、あるいは「ゐなかに古《へ》のわざの、これる事」（八の巻）を述べた箇所で[4]、後に柳田民俗学が標榜することになる方言周圏論、民俗周圏論的な考えを明確に示し、遠き国・片田舎にこそ古態の雅や面白き事があり、国々の言葉や習俗を聞き集めたいという希望を述べていた。ただ宣長自身は、そのことを実践するまでには至らなかった。

真澄の『玉勝間拾珠抄』（⑫二六四～三三七頁）は宣長の『玉勝間』を抜粋したものであるが、右の箇所はみられない。自ら実践してきた真澄にしてみれば、当然のこととして書き写すまでもないと判断したのであろう。ただ、『久宝田能おち穂』の「いぼむしまひ」の項で右の宣長の言を引いている。真澄は、陸奥・出羽のいづこにもあるという「いぼさし舞」を久保田の曼荼羅小路で覗き見て、いぼ虫（かまきり）やいぼ虫舞について『物類称呼』（越谷吾山《こしがや》）、『倭訓栞』（谷川士清）を引いて考証し、また平安後期の『新猿楽記』（藤原明衡）といった古文献にも見出し、いぼ虫舞は「いとふるきもの也」と結論づけ、「此事、『玉勝間』もすでに云へり。古き事は、田舎にぞ多かる」（⑩三九七〜三九八頁）と記している。

真澄はいぼ虫舞に限らず、陸奥・出羽の「くにぶり」に「いにしへぶり」を読み取り理解してきたが、宣長の指摘は自らの学問・考証の正しさを裏づけるものとして脳裏に刻まれ、励ましにもなっていたのだろうと思われる。ただ、真澄が宣長の蝦夷・アイヌ観について知るところがあったのか不明であるが、真澄と宣長の間は蝦夷・アイヌ観を巡って大きな断絶があるように思われる。その点については本書第三章などで多少論じている。(5)

地方・田舎への関心は宣長ばかりでなく当時の知識人は多かれ少なかれもっていたことであった。文化末年、屋代太郎（弘賢）や石原正明《まさあきら》らが全国各地の協力者に宛てた『諸国風俗問状』とそれに応じた各地からの『答書』がある。江戸などでの年中行事や冠婚葬祭、人生儀礼を「通例」とみて、それと比べ異なる風俗があるのか質問を発したものであった。予め質問項目を決めておいて聞取りを行う民俗調査の手法に似ている。秋田藩では儒者那珂通博がそれを受け止め、『出羽国秋田領風俗問状答』がまとめられている。(6)

文化一一年（一八一四）一二月に書かれた通博の跋文には、『風土記』以来の「かしこき御事」と歓迎の意を表したうえで、古稀の年令近くまで自ら見聞したことは多いが、周りの人々にさまざま聞いて記し、浄写にあたっては老筆が働かず業を終えることができないと知って、下巻は人の手を借りたと成立事情を明かしている。また、百聞一見にしかずとして「不文の形究なし得がた」きものは「絵に写さし」たと述べている。かまくら、さいの神、ねぶり流し（竿灯）などの図が添付されている。淀川盛品《もりただ》を通博とともに撰者とする写本もあり、下巻は盛品が実質的な担当者だったのであろう。

　真澄が通博に初めて会ったのは文化八年（一八一一）五月のことだった。同年八月には通博に誘われて太平村の勝手明神に詣で、さらに文化九年の七月には通博・盛品らとともに太平山の月見に出かけている。真澄と通博らとの間にはこのような交流があったので、真澄が秋田領の『問状答』の作成に深く関わっていたかのような推察がされてきた。民間習俗が主題であったことや、図絵をつけるという着想などからすると、交流のなかで真澄の発言や著作から何らかの示唆を受けることがあったとして不思議ではないが、真澄自身の関与については何も書いておらず、真澄以外の当時の記録にもそれを裏づける確かな史料があるわけではない。

　この時代、『問状答』や、最近金森正也が読解を試みた文化初年頃の荻津勝孝（秋田藩士）の『秋田風俗絵巻』[7]、江戸の人津村淙庵（正恭、秋田藩用達）が著した『雪の古道』（寛政二年〈一七九〇〉）など、秋田藩の民間風俗を扱った著作・図絵が生み出されている。真澄の記録と合わせて使うなら、秋田藩は近世後期の民俗資料の宝庫といってよい。真澄も『雪の古道』を実際に読んで、『筆の山口』（文政五年〈一八二二〉）に引用している。天明五年（一七八五）に真澄が訪れたことがある久保田の俳人小夜庵五明（吉川《きつかわ》五明《ごめい》）の住家などについて書かれているのをみて、淙庵には会ったことがないとしながら、その記述にたいそうなつかしさを覚えていた（⑪四七〇〜四七一頁）。

（2）ふみは千歳に残るもの——古川古松軒批判

　さて、菅江真澄は他人をあまり批判がましくいう人ではなかったと思われるが、古川古松軒、橘南谿、滝沢（曲亭）馬琴、人見蕉雨といった人たちに対して批判的な意見を述べていたことが注目される。これについてはすでに磯沼重治氏が取り上げ論じている。[8] ここで何か新しい論点をつけ加えるものではないが、古松軒らへの批判には学問の方法をめぐる真澄の自負や確信のようなものが語られており、真澄の学問の特徴を考えるうえで重要な箇所となっている。

古川古松軒は備中岡田出身の地理学者で、天明八年の幕府巡見使に随行して奥羽・松前を旅し、『東遊雑記』を著したことでよく知られている。真澄は津村正恭が編んだ『片玉後集』に収録される『東遊雑記』巻三を『かぜのおちば』に引用しており（⑪一七八～一九二頁）、それを通して読んだことになる。真澄は古松軒の執筆態度が気に入らず、「久保田をあしざまに云ひ、亀田をこと〴〵ほめたり。何か心にかなはぬ事ありしにや。さりけれど、ふみは千歳に残るもの也。心にかなはぬとて、いかりのまに〳〵筆にしたがふものかは」（「きびのひさときがふみ」『久宝田能おち穂』⑩三九五～三九六頁）ときびしく批判している。

『かぜのおちば』の引用箇所には、たしかに亀田（岩城侯二万石）は「能キ町也、人物言語あしからず」としながら、久保田領に入ると「礼をしらず無礼の体夷狄風かくもあらむ」などと悪し様に書いている。古松軒はそこばかりでなく、遠慮しない物の言い方で、「上方」の風俗を基準にして、秋田領をはじめ東北地方の民俗や人柄について礼儀知らずの野蛮な風であるなどとこきおろしていた。幕府の威光とともに民を見下ろすような役人一行による一過性の旅であったことが災いしていたともいえる。天明の飢饉による疲弊も影響していただろう。そうした都鄙・華夷の差別意識は書かれた側の土地の人が読んだなら反発を買うのは必須である。ただし、否定的とはいえ、見て感じたままの率直な文化・文明意識を表明し、奥羽地方が日本社会に平準化されない独自性を保っている地域であることの証言ともなっている点は受け止めねばならない。

真澄の場合、自分の書いたものがその土地の人に読まれることをたえず意識していたはずだから、価評価をあらわにして刺激することはつとめて避けてきたであろうことを、その批判文は物語っている。真澄はむろん、秋田・津軽・下北・松前を歩きながら、そこには日本と異質な「蝦夷」の歴史と文化が底流にあり、その残存・遺産に気づいていた。とくに松前に渡り、蝦夷地のアイヌの人々の言語・文化に接して、再び北東北に戻ってきたとき、たとえばナイやベツのアイヌ語地名に敏感であったのをみればわかるように、古代蝦夷的なもの、アイヌ文化的なものをつよく感じるようになった。日本から北東北をみるだけでなく、アイヌ文化から北東北を捉えるという新たな視座が獲得されたのだといってもよい。異質性を同じく感じ取っても、真澄の場合には古松軒とは違って主観を交えず事実をあるがままに記述し、それを通して内側から解釈するという態度で貫かれていた。それは「ふみは千歳に残るもの」という、書き手としてのモラル・責任意識と深くつながっていたのである。

（3） 実地見聞の学への自負―橘南谿・滝沢馬琴・人見蕉雨批判

橘南谿・滝沢馬琴に対する批判は『布伝能麻迩万珥』の「こさくさがくれ」や「うきしまあそび」の箇所で展開される（⑩七〇〜七四頁）。前者は『夫木集』（『夫木和歌抄』）に載る「こさふかばくもりもぞする（くもりもやせん）みちのくのえぞには見せじ（えぞにな見せそ）秋のよの月」という和歌に出てくる「こさ」の解釈をめぐってである。真澄は為家の詠歌《ウタ》としているが、定家などともいわれはっきりしない。ちなみに金田一京助は「胡沙考」で近世以来の諸説を検討し、コサの語源を「えぞ語」（アイヌ語）の人間の吹く息（ホサ）に求め、古い時代に考えられていたように、息に呪力を感じ、「えぞが息を吹いて霧をおこし」と素朴に解釈するのがよいとして、「胡沙」（胡地の砂塵）、「胡笳」（胡人＝えびすの笛）、植物のイケマ（薬草・毒草）などの説を退けている。(9)

真澄は南谿の『東遊記』の記述について、「「胡砂」とて木螺《キガヒ》の図《カタ》を世の人にそら言《ゴト》して、それとしらしめしよりそれと迷ふ人多し」と、図まで示して誤解を与えたことを空言であるとしてきびしく批判した。南谿は「胡沙」を「胡笳」と解し、秋田・津軽辺にある木の皮で巻いた笛（木貝）を「胡笳」の遺製だとみて、その図を詳しく写してきたと書いているが、真澄によればその木具は「角《ハラ》のたぐひ」（ハラとは軍用に吹き鳴らした楽器のこと）ではないかというのである。

馬琴の説は『玄同放言』に載っているもので、唐の王維の詩に見出した「湖沙」（胡沙）に解釈の手掛かりを求めた。真澄は馬琴について「こゝろひろき人にて書車《フグルマ》の如《コト》にあらゆるふみどもをひき載られたり」と、その博識ぶりに感嘆しているものの、「胡沙（砂）」説に与しようとはしなかった。真澄はどのように解釈しようとしたのか。馬琴に対抗するかのように『吉野拾遺物語』といった文献をあげながら、かつ真澄が松前・蝦夷地の旅で実際に見聞した知識を対置している。アイヌの娘が吹く「ムツクリ」（「口琵琶」）が「胡笳」だろうという説や、イケマという植物の根が「胡砂」で、鰒《アワビ》を突くときなどその根を噛み砕いて水面に吹けば風が避け浪がおさまり、これを「巨左《コサ》吹」と呼ぶのだという説が紹介されるが、真澄自身は「おのれ独り蔓根《クサ》とはおもひつれど、猶さだかにしらまほしきことなり」と、イケマ説に引かれながらなお慎重な態度であった。

馬琴の『玄同放言』に対しては、「うきしまあそび」の項でも、馬琴が南谿の、出羽山形の奥にある大沼の「浮島」の記事を引いたあとに、同様の島遊びの奇観が秋田の島沼にもあるとして、秋田檜原両郡、山本郡野田に大沼あり、などと書いていることに、「檜原」という地名は存在しない、山本郡には野田という所はない、と誤りを指摘している。「おのれみちのくいではのくぬちめぐりて三十《ミツ》とせあまりもありて、あやしう珍らしと聞ヶば分見めぐり、凡はいではの秋田六郡もつばらかに分見たり」（⑩七三頁）と、自らの三〇年にも及ぶ実地踏査の学への気概・自負を書かずにはおられなかった。

同様の批判は秋田藩士であった人見蕉雨（寧）の随筆『黒甜瑣語《くろてんさご》』にも向けられる。真澄は『久宝田能おち穂』の「あまだてのゆゑよし」の箇所で（⑩四二〇～四二一頁）、寧子安が編集したこの書について、「いと〳〵おもしろきものにて、その筆心《フミデ》の功《イサヲ》おもひやるべし」と価値を認めながら、「さりけれど、実《ソノ》地《トコロ》を踏《フマ》で人の物語《モノガタリ》のみを聞て、先ッ筆をとれりと見えて、国ところ、東西、時世のたがひもあらんかとおもはる、処あり」と、具体例をあげてその間違いをただしている。ここでも批判は馬琴の『玄同放言』に及び、文献の孫引きによる地名の誤謬をあげている。江戸の出版界で活躍する馬琴に羨望を感じながらも、地方・地域をくまなく歩く実地の学の必要性を力説していた。こうした真澄の学問的態度は磯沼が指摘していた通りである。

真澄は秋田の晩年時代、文献への傾斜を強めたのはその随筆・地誌をみれば明らかなことである。そのことが真澄の「遊覧記」（日記）にはあった、見て歩きの偶然の面白さを失わせ、つまらなく感じさせているのは否めない。しかし、真澄が文献考証を行うさいにも、その解釈・評価にあたっての判断基準になっていたのは、自分が実際に見聞し確めたものを大切にしようということであった。最晩年の地誌三部作の完成にかけた調査の旅は、その学問的態度が最後まで一貫していたことを示している。

3　真澄研究の歴史

（1）真澄研究の礎―秋田人による継承

菅江真澄の生存中、彼の名前や著作が、その旅をした地域の人々との交流の範囲を超えて全国に知られることはほとんどなかった。わずかに滝沢馬琴の『著作堂雑記』に、三河白井真澄が松島で詠んだ「ながめすて、帰らんもをし中々に霧たち隠せ松島のうら」という一首が掲載されていることを、柳田國男が見出しているくらいであろうか（『菅江真澄』[10]）。真澄と馬琴をつなぐ線としては、真澄が出会った秋田藩士茂木《もてぎ》知利（蕉窓）がおり、馬琴の知人として『玄同放言』に出てくる。

真澄の死後、秋田には真澄に関心を持ち、その著作の保存・蒐集に熱意をもって取り組んだ人たちがいた。真澄の日記類五〇冊余は文政五年（一八二二）、秋田藩の藩校明徳館に献納された。廃藩置県によって明徳館が廃止となり、真澄遊覧記は佐竹家の家蔵となった。そのさい散逸しないように尽力したのが、佐竹家に仕えていた真崎勇助（天保一二年〈一八四一〉～大正六年〈一九一七〉）であった。この佐竹本（「真澄遊覧記」、現在は個人蔵、一九九一年国の重要文化財に指定）から太政官（のち内務省）地誌課による写本（現在国立公文書館所蔵）と秋田県庁による写本（現在秋田県立博物館所蔵）が作成された。真崎は、「真澄遊覧記」から流失した日記三冊を発見して佐竹家に献上した、また遊覧記以外の真澄の著作を積極的に蒐集することに努め、それが現在大館市立中央図書館に所蔵されている（「菅江真澄著作」秋田県指定有形文化財）。真崎が真澄に着目したのは考古学への関心からだった。明治三一年（一八九八）、真澄死後七〇年忌にあたり、『菅江真澄翁履歴』をまとめている。真崎のほかにも、『伊頭園茶話』という随筆を書き続けた石井忠行は真澄の著作の写本を作り、自らの随筆にも真澄のことを書き残した。狩野亨吉が発見した遊覧記一冊を、父良知が佐竹家に献上することもあった。

菅江真澄の著作の刊行は、内藤調一編『鹿角志』（明治四〇年〈一九〇七〉）に「けふのせばの、」の鹿角郡の部分が抄録されたのが最初であった（「菅江真澄研究」別巻一、四七七頁）。その後、昭和期に入り、『南部叢書』（南部叢書刊行会、代表太田孝太郎、昭和二～六年〈一九二七～三一〉）の第六冊に『真澄遊覧記』の南部（旧盛岡藩）関係の日記が翻刻され、秋田でも深澤多市の編によって『秋田叢書』（昭和三〜一〇年〈一九二八〜三五〉）が刊行され、本編に真澄の地誌、別集に日記を収録している。深澤のものは翻刻の信頼性が高いといわれる。その頃真澄作品の本格的な翻刻が始まったことになる。

秋田人による真澄研究は戦後、内田武志らに継承された。なかでも内田は書誌的な考察に没頭し、それがベースになって『菅江真澄全集』が編まれた。その別巻一（『菅江真澄研究』）は内田の生涯をかけた集大成、到達点となっている。内田の推論に推論を重ねてしまうところは留保してかからなければならないが、真澄研究の礎を作ったという点において高く評価されなくてはならない。一九九六年四月、秋田県立博物館に「菅江真澄資料センター」が開設された。秋田人の努力の積み重ねのうえに作られた真澄研究の拠点たる役割が期待されている。

（2）柳田國男の真澄研究

真澄の名を全国化させたのには柳田國男の貢献が大きかった。柳田が真澄を知ったのは、明治末年頃に山方香峰から『真澄遊覧記』のことを聞いたのが最初という（③四五八頁）。山方は秋田で新聞・雑誌の記者として活躍し、その後上京した人である。柳田の真澄についての最初の文章は、大正九年（一九二〇）の「還らざりし人」（『秋風帖』、②二二五〜二二九頁）という三州岡崎で書いた短文である。

柳田はそこで真澄の「遺書」すなわち『遊覧記』を評して、「旅行が一の大なる芸術なることが立証せられた」とし、「時代の拘束の多い歌よりも絵よりも、漂泊その物が自在に彼を清く美しい境に導いている」と、ややセンチメンタルに述べている。真澄の人生に対する最大の興味は、「約五十箇年の間北日本に、家のない生活を続けて死んだ学者である」という点にあって、「つねに故郷を思慕」していながら、「還ることのできなかった不思議な事情」が気になることであった。それが真澄の旅を「淋しく」していたというのである。「常被《じょうかぶ》り」という綽名が真澄につけられたように、常に頭巾を離したことがない「不思議」もあった。

そうした「漂泊」の「不思議な事情」への拘りは以後も持ち続け、真澄についての文章をまとめた『菅江真澄』（昭和一七年〈一九四二〉）の序文でも「二十年来の望みであった彼の身元生い立ち、どうしてこのような大きな旅をすることになったかという、隠れた動機はまだ少しも明らかになっていない」と述べている（③四〇三頁）。柳田のこうした疑問・興味が後続の真澄研究者にも受け継がれ、真澄研究といえば、真澄の生家や生い立ち、あるいは頭巾の意味など、人物そのものの謎解きを追い求める傾向に拍車をかけたといえる。

岡崎や豊橋における真澄の探索が進み、新たな事実の発見もあり、さまざまに推測がなされてきたが、今日に至ってもなお真澄の「身元生い立ち」は闇の中にあり、柳田の拘りは解決していない。推論・臆断が一人歩きしはじめると、それらの何が事実でありそうではないのか判別がつかなくなり、新たに真澄研究に参加しようとする場合、大いなる戸惑いを感じさせるのではなかろうか。真澄にとどまらない人物史研究の隘路である。新発見の決定的な史料が出てくるなら別だが、そうでないならば、もろもろの語られてきた言説にではなく、真澄自身が書いたことに立ち戻って考えるしかない。

むろん、柳田はそうした謎解きに終始したのではなく、真澄の『遊覧記』を始めとしてその著作のよき紹介者たろうとした。昭和三年（一九二八）の「真澄遊覧記を読む」（『雪国の春』）では、真澄を「親切なる平民生活の観察者」と捉え、東北文化研究にとってこの人の「事業が何ほどの功績を有するかを説くため」に、例として、日記（遊覧記）から「新年習俗の記述」の箇所を知られるかぎり紹介し、東北の「雪国の春」を描き出してみせようとした（②二八～四六頁）。

同年九月、真澄没後百年にあたり柳田は秋田に招かれ、秋田考古会菅江翁百年記念会講演で「秋田県と菅江真澄」（③四三九～四七九頁）を発表した。そこでは、真澄は「漫遊者の漫筆」かもしれないが、「羽後人の日常の艱苦」や「父祖がかつて経験した退屈と興奮」を「微細かつ明確」に世に伝えた記録は他になく、「具体的な見聞録」という点に長所を認めている。しかも、それは、「いずれも用事のない行きずりの客として、醒めたる心境と人のよい同情とをもって、脇から観察していた覚え書」であるために、「その光景は生動」しているというのであった。具体的で客観的で好意的なまなざしが真澄の真骨頂であることを的確に言い当てているように思われる。

柳田の貢献としては、『菅江真澄』に掲載されている、「菅江真澄の旅」という詳しい行程・年譜を作成し、日記利用の便宜を図ったことである。こうした仕事は、柳田の影響下にあった内田武志に継承され、「年譜及び著書解題を主とした真澄伝の研究」（『菅江真澄未刊文献集』一、日本常民文化研究所、一九五三年）を経て、『菅江真澄の旅と日記』（未来社、一九七〇年）として結実していく。

むろん、柳田の真澄評価について問題がないわけではない。決定的な悪影響さえ与えてしまったというべきかもしれない。柳田が真澄を通してどのような東北の民俗像を語ろうとしたかはここでは問わないとしても、たとえば次のような発言がおおっぴらになされていた。

・（遊覧記に）非常に精密な彩色の自筆画が添えられ、それを文章の説明の補助にしたために、かえってこの紀行の流布を妨げた形のあったのは（「真澄遊覧記を読む」②二八頁）

・わがこゝろ　同じ年の仲秋姨捨山に月を見た記事。歌が主であって他の各巻のごとき興味はない（「白井秀雄とその著述」、昭和三年、③四〇八頁。「千島の磯」にも同様の感想記す）

・著作としては、なお数種百巻にも近い随筆類があるが、学問の上から見て、『遊覧記』ほどは大切で

ないと思うから今は省略する（同前、③四二三頁）

・最終になお一つ、思いきった私の批評を申しますと、真澄翁の歌にはほとんど一首として名歌がありません（「秋田県と菅江真澄」③四六三頁）

こうした批評・断言は和歌、図絵、随筆（文献考証）を軽視し、日記偏重、そのなかでも民俗事象中心主義的な切り取りをもたらしかねない危険性をはらみ、実際真澄研究を制約してきたことは否めなかった。たとえば、真澄の和歌が秀歌としてどれほど親しまれ読まれてきたといえるだろうか。柳田は真澄の和歌の才能を「唱和の雄」「即興の軽捷」の側面において捉えはしたが（「秋田県と菅江真澄」③四六三頁）、「唱和応酬の文学遊戯に至っては、各篇皆多少の飽満を感ぜざるを得ない」（「正月及び鳥」③四九九頁）と、突き放した言い方になっている。短歌を作るなど文学青年でもあった柳田に名歌がないと切り捨てられてしまったなら、その影響大で興味が向かなくなるのは当然である。絵についても、「非凡なる写生画」（「秋田県と菅江真澄」③四六〇頁）とその才能を認めながら、絵があるゆえにかえって流布を妨げたと述べており、真澄の歌・文・絵の三位一体の特性を生かしようがなくなる。近年、和歌にしても図絵にしても、光が当てられてきているように思われるが、日記偏重、民俗偏重を乗り越えて、トータルに真澄の仕事を評価していく、そのような新たな段階に現在来ているのは確かである。

真澄の学問について、拙著『菅江真澄』（人物叢書、吉川弘文館、二〇〇七年）のなかで「開かれた可能性をもつ国学」という捉え方をしてみた。国学という範疇に収まりきらない、あるいは国学という文脈で括ることができるのか、という批判はありうるが、真澄の列島北部社会の人々へのまなざしは、偏狭な日本主義を突き抜けていく民衆学・地域学の可能性をもっていたという意味での表現である。今後、真澄の作品を手掛かりにして豊かな地域の人々の生活文化を掘り起こし復元していくという作業とともに、真澄の学問・思想の営みについてさらなる検討をしてみたいと思う。

注

（1）①一二頁は、『菅江真澄全集』第一巻一二頁からの引用であることを示す。以下同じ。
（2）『新編信濃史料叢書』第一〇巻（信濃史料刊行会、一九七四年）三二七頁。
（3）拙稿「「絵引」をする菅江真澄」『年報人類文化研究のための非文字資料の体系化』第4号、神奈川大学21世紀COEプログラム研究推進会議、二〇〇七年。
（4）『本居宣長』（『日本思想大系』40、岩波書店、一九七八年）二三五頁、二三八頁。
（5）左衽風俗をめぐって、宣長の蝦夷観について言及したことがある。拙稿「琉球風俗と左衽」（『沖縄研究ノート』2、宮城学院女子大学キリスト教文化研究所、一九九三年）。その後、拙著『アイヌと松前の政治文化論―境界と民族』再録、校倉書房、二〇一三年）
（6）『日本庶民生活史料集成』第九巻（三一書房、一九六九年）四九二～五三二頁。
（7）金森正也『「秋田風俗絵巻」を読む』無明舎出版、二〇〇五年。
（8）磯沼重治「菅江真澄の随筆における執筆姿勢―『筆のまにまに』を中心に―」（『真澄研究』創刊号、秋田県立博物館菅江真澄資料センター、一九九七年）。
（9）『金田一京助全集』第六巻（三省堂、一九九三年）一五〇～一六〇頁。
（10）『柳田國男全集』3（ちくま文庫、一九八九年）四三〇頁。以下、柳田著作の引用は同文庫により、③四三〇頁のように記す。

〈付記〉本稿は、二〇〇七年一二月一八日に東北芸術工科大学で開催された、「東北一万年のフィールドワーク」公開シンポジウム「菅江真澄の風景」における同タイトルの報告を論文調にまとめたものである。

あとがき

北東北、北日本に暖かい眼差しを注いだ菅江真澄の著作（作品）を通してみえてくる、その人となり、事物への関心の所在、そして真実に迫っていく方法的態度などについて述べてきた。今日においても色褪せていないその斬新さや魅力を、すでに真澄に親しんでいる人たちだけでなく、まだよく知らない人たちにも伝えられたならうれしいかぎりである。

菅江真澄の年譜を何度となくみてきたが、あらためてその晩年を追ってみた。六〇代半ばに少し空白の時期があるものの、六七歳頃より精力的に執筆活動を再開し、七六歳頃に亡くなるまで、それまでの仕事を集大成すべく随筆や地誌に熱意を燃やした様子であることが知られる。散逸した文章もたくさんあると推察されるので一概にはいえないにしても、全集に収められた著作のボリュームでいえば、晩年のものはその半分近くにもなるのではなかろうか。驚きの執筆量というほかない。

命尽きるまでそのように真澄をかきたてたものは何だったのか、おそらくいくつもの思いが交錯しており、単純化して言い難いものがある。ただそこがよくわからないと真澄の思想史的な位置づけや、著作の全体的な評価も十全なものとはならないだろう。本書によってある程度は私なりの考えを示すことになったが、今後もそのことに答えていく努力をしていくつもりである。

ただこれからは、真澄本人を論ずるというより、これまでも試みてきたことであるが、真澄の記述を手掛かりにして、すでに失われた、あるいはみえなくなっている、しかし忘れてはならない、かつての北日本の民衆的生活世界を復元していくことに力を注いでいきたいと思う。それは歴史と民俗の隙間を埋めていく、あるいは両者を架橋していく、新たな民衆生活史を志向していく作業になろうか。そうした一冊を作ることがこれからの目標のひとつとなっていこう。

私自身もいつのまにか真澄の晩年の年齢に達した。本書をまとめてみて、真澄の健脚と筆力に少しでもあやかって、社会ともいくぶんつながりながら、歴史研究を愚直に続けていきたいと思う。

本書に収録した各論考の初出を発表順に記しておこう。

二〇〇六年一一月「菅江真澄の魅力は何か」(『真澄学』第三号、東北芸術工科大学東北文化研究センター)〈第一章〉

二〇〇七年三月「「絵引」をする菅江真澄」(『年報人類文化研究のための非文字資料の体系化』第四号、神奈川大学21世紀COEプログラム研究推進会議)〈第六章〉

二〇〇八年一二月「菅江真澄の著作と学問について」(『真澄学』第四号、東北芸術工科大学東北文化研究センター)〈第九章〉

二〇一一年二月「「いにしへ」探究の真澄の旅・学」(『真澄学』第六号、東北芸術工科大学東北文化研究センター)〈第三章〉

二〇一一年二月「真澄の「ひがおもひ」―金花咲く「みちのく山」探索―」(『真澄学』第六号、東北芸術工科大学東北文化研究センター)〈第五章〉

二〇一四年九月「クニコトバの生活世界」(『菅江真澄、旅のまなざし』、秋田県立博物館)〈第四章〉

＊なお、第二章「「蝦夷」への憧れ―松前渡海まで―」、第七章「日記から地誌へ―日記体地誌の位置づ

け―」、第八章「真澄の地誌と『郡邑記』―消えた村への関心」は、今回初めて発表するものである。

私的なことになるが、妻の実家が秋田城に歩いていけるところにあったので、夏・冬の帰省のおりには菅江真澄の墓や鎌田正家の旧宅などその一帯をよく訪ねた。本書でも取り上げた『水ノ面影』は真澄がその辺りを歩いて書いた日記体地誌である。由縁の地に立つと、時間を超えて真澄がごく身近にいて何気なく語りかけてくるような気持ちになる。

このようなこともあって、菅江真澄についての拙著を秋田の地から出版できればとかねがね思っていた。そうした希望について、畏友金森正也氏を通じて無明舎出版の安倍甲氏に伝えてもらっていたが、このたび原稿が揃って迅速に事が進み、出版の運びとなったものである。末尾となったが、御両氏に厚く感謝申し上げたい。

二〇一七年三月

菊池　勇夫

著者略歴

菊池勇夫（きくち・いさお）

1950年、青森県に生まれる。立教大学・同大学院で日本史学（近世史）を学び、現在宮城学院女子大学教授。近著に『五稜郭の戦い―蝦夷地の終焉』（吉川弘文館）、『近世北日本における生活世界』（清文堂出版）、『義経伝説の近世的展開』（サッポロ堂書店）、『非常非命の歴史学―東北大飢饉再考』（校倉書房）などがある。おもに北方史・飢饉史・生活文化史の分野に取り組んできた。

探究の人 菅江真澄

発行日　2017年４月10日　初版発行
定　価　〔本体1700円＋税〕
著　者　菊池勇夫
発行者　安倍　甲
発行所　㈲無明舎出版
　　　　秋田市広面字川崎112-1
　　　　電話（018）832-5680
　　　　FAX（018）832-5137
印刷・製本　シナノ

ISBN978-4-89544-632-7

※落丁・乱丁本はお取り替えいたします。

伊藤孝博著

イザベラ・バード紀行

『日本奥地紀行』の謎を読む

A5判・四三九頁
本体四二〇〇円＋税

「日本奥地紀行」に記された旅路を正確に辿り、泊まった宿を探し、「絶景」の地にたち、人物・事件災害の現場を訪ねた、130年のバード出逢う。

加藤貞仁著

海の総合商社 北前船

四六判・三九一頁
本体二五〇〇円＋税

莫大な利益と文化を生み出した北前船とはどんな船だったのか。誕生秘話から航路、船乗りの暮らしや和船の技術革新、交易（商品）と遭難事件などを読み解く。

金森正也著

秋田風俗問状答

〈影印・翻刻・現代語訳〉

A5判・一四八頁
本体二五〇〇円＋税

江戸時代後期、諸国の風俗、習慣を知るために幕府は問状を配布、回答を求めた。その影印版・翻刻・現代語訳。注釈と解説を付し、カラー彩色絵図を付す。

田口昌樹著

「菅江真澄」読本1〜5

四六判・各二三〇頁
本体各一八〇〇円＋税

酒、女、ばくち、鉱山、桜、子供、俳諧、墓……。謎の多い紀行家の残した膨大な記録からキーワードを拾い、読み解くユニークな真澄像。

金森正也著

「秋田風俗絵巻」を読む

A5判・一二七頁
本体一八〇〇円＋税

荻津勝孝が描いた江戸後期の絵巻（横14メートル・縦39センチ）は久保田城下の風俗を克明に描いた紙本着色1巻もの。この貴重な絵巻を解説する。